考えすぎて動けない自分が、「すぐやる人」に変わる本

心理学者
内藤誼人
Yoshihito Naito

はじめに

やるべき仕事や勉強があるのに、いつまで経っても先延ばししてしまう。

部屋の掃除をしなければならないとは思いつつも、いつまでも取りかかることができない。

「ダイエットしなきゃ」「運動の習慣を身につけたい」と思うのに、ついつい「やっぱり明日から……」と先延ばしをしてしまい、変わらない毎日を過ごしている。


こういった経験のある方は、きっと多いですよね。

これは、性格的にだらしないからかというと、そんなことはありません。

やるべきことを先送りし、ダラダラしてしまうのはあなただけではありません。

人間なら、だれでもそうなのです。

もともと人間は怠け者ですし、**「面倒なことは一切したくない」と思うのが普通**です。それが人間の本性です。

「でも、世の中には、パッとすぐに行動に取りかかれる人もいますよね?」

そう思う読者もいらっしゃるでしょう。

はい、たしかにそういう人もいます。

けれども、そういう人が他の人よりも、意志力が強いのかというとそんなこともありませんし、根性があるのかというと、そうでもありません。

彼らは、**ただ「すぐに行動する」ためのやり方を知っていて、それを実践しているだけ**なのです。

生まれつきものぐさで意志力が弱い人でも、すぐに行動できる人が実践しているやり方を真似すれば、だれでもすぐに行動できる人に生まれ変わることができます。

本書はそのための実践マニュアルです。

本書の中でご紹介する方法をうまく活用していただければ、明日にでも、いいえ、今すぐにでも行動できる人に生まれ変わることができるでしょう。

そのための心理テクニックを読者のみなさんにだけ、こっそりとお教えしようと思います。

「なんだ、こんな簡単な心がけで、フットワークが軽い人間になれるのか」
「なるほど、こうすれば面倒な仕事でもホイホイと片づけられそうだな」
「おお、こうすれば行動する前の気の重さが解消できそう」

と思っていただけるように、さまざまなコツを実際の心理学の実験を含めてご紹介します。

本書をお読みいただき、ご紹介した小さなコツをもとに毎日の行動や考え方をほんのちょっとだけ変えてみていただければ、周囲の人も、自分自身でさえも驚くほどに生まれ変わることができるでしょう。

どうぞ最後までよろしくお付き合いください。

内藤誼人

目次

はじめに……2

第1章

どんな人でも「行動できる人」になれるヒント

すべてを完ぺきにやろうとしない……18
他人の評価など気にしない……21
見切り発車でいこう……25

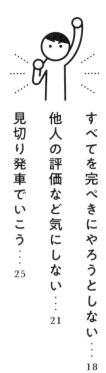

ただ記録をつけてみるだけ……28
自分のやりたいようにやってみる……31
もっと気軽にチャレンジしてみよう……34
ポジティブなひとりごとを口癖に……37
たっぷり眠る……40
朝型人間になってみる……43
面倒なことは習慣化してしまう……47
コラム　イベントを「きっかけ」にする……50

第2章

すんなり行動するための裏ワザ

やりたくないことも片づけられる魔法の秘薬!?…56
「プライミング効果」を使う…59
全力で走る動物の映像を見る…62
偉人の伝記を読む…65
いくつになっても「私は若い」という意識を持つ…68
行動的な人を観察してみる…70
余計なことを考えない…73
「家族のため」と考えてみる…76

「恥ずかしい」という気持ちをエネルギーに変える……79
制限時間を設ける……82
難しい課題に挑戦する……85
コラム 部屋のあちこちに鏡を置くと、ダラダラ防止になる？……88

第3章 「すぐやる人」が自然にやっている心理テクニック

不機嫌な人を視界に入れない……92
身の回りを整える……95

ポジティブ・ネガティブ両方の視点で計画を立てる…98
1週間で達成できる目標にする…101
たまには「自分の限界」を超えてみる…104
赤色の服を着る…107
人に親切にする…110
「考えすぎる自分」を活用する…113
プラシボ（偽薬）効果を使う…116
あえて注意を他のことにそらす…119
コラム　音楽でモチベーションを上げる…123

第4章

ネガティブ思考を簡単に吹き飛ばす心理術

「儀式」で気分転換……128
良い嫉妬と悪い嫉妬……131
自分より優秀な人と張り合う……134
先回りしてやっておく……137
恋愛をする……140
スリムな体型になる……143
自然にまかせる……146

自分の調子の波に合わせて行動する……149
コラム　部屋の明るさが気分を左右する……153

第5章

なぜかやる気が出ないときの対処法

「緑」を眺めてエネルギーを回復……156
選択肢を減らす……159
自分へのごほうびを用意する……162
ごほうびリストを作っておく……165

ライフスタイルを「1つだけ」変える……168
ネガティブな思い込みをやめる……172
見栄っ張りになってみる……175
憧れの人ならどうするかを考えてみる……178
自分の晴れやかな姿をイメージする……181
下品な言葉を口に出す……184
自分の性質に合わないことはやる気にならない……187
いばるポーズをとってみる……190
ブレスレットでお悩み解決……194
コラム　ヨガや太極拳をやってみる……197

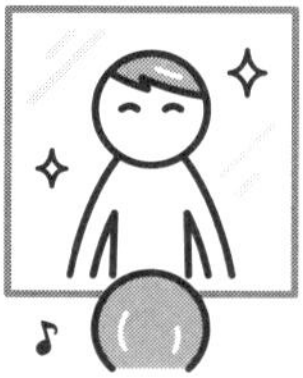

第6章

なかなか動いてくれない人を動かす方法

相手の話を聞く……202
サポート役に徹する……205
期待が人を伸ばす……208
グループで行動してもらう……211
人の目があるところで取り組んでもらう……214
明るい雰囲気をつくる……218
相手に選んでもらう……221

コラム「やらざるを得ない状況」をつくってしまう……225
おわりに……228
参考文献……237

第1章

どんな人でも「行動できる人」になれるヒント

すべてを完ぺきにやろうとしない

優柔不断で、なかなか行動を起こせない人には、ある共通点があります。

それは、「完ぺき主義」であること。


米国メリーランド州にある、カトーバ大学のシェイラ・ブラウンロウは、96名の大学生に「完ぺき主義」を測定する心理テストを受けてもらい、レポート・課題・試験の準備に取り組むのが早いのかどうかも教えてもらいました。

すると、完ぺき主義の得点が高い人ほど、取り組むのが遅かったのです。

というわけで、フットワークの軽い人になりたいのであれば、完ぺきにやろうとせず、少しくらいはいいかげんであったほうがよいわけです。


「まぁ、80点くらいとれればいいいか」という感じで、気軽に取り組んでしまったほ

うがいいのです。そのほうが、すぐに行動を起こすことができます。何しろ、余計なプレッシャーを感じずにすみますから。

仕事に取り組むときも、目標のハードルを下げておいたほうがさっさとスタートできます。

私が本を執筆するときの姿勢がまさにこんな感じで、「絶対に売れる本を書かなければ」などということは微塵も考えません。

あまり意気込みすぎると、いつまで経っても執筆のスタートが切れなくなってしまいますので、「まぁ、それなりに売れてくれれば御の字だな」と気軽に考えて、書けそうなところから書いていきます。

講演会に呼ばれて人前で話すときも、「参加者全員に感動してもらえなければ失敗だ」などとはつゆほども思いません。「講演会にムリヤリ参加させられた人もいるだろうから、10人中2、3人に喜んでもらえれば十分かな」と考えて話すようにしています。大学の講義でも、全員に好かれようなどという不可能な目標は、最初から立てたりしません。

何事もそうだと思うのですが、完ぺきにやろうとしても、できるわけがないのです。80点主義、いや60点主義くらいでいたほうが、行動は起こしやすくなります。**満点をとろうとすると、余計な緊張や不安を抱え込むことになり、いつまでも行動できないままになってしまいます。**

自分が努力することによって100点をとれるのであれば頑張ることにも意味があるかもしれませんが、物事がうまくいくかどうかは「運の要素」もかなりありますよね。頑張っても頑張っても、100点はとれないということは往々にしてあります。

どれほど完ぺきな企画書を作成できたとしても、お客さまやクライアントがその企画書を採用してくれるかどうかはわかりません。

自分では100点の出来栄えの企画書だと思っても、相手も100点をつけてくれるかというと、そういうわけにはいかないのです。

あまり完ぺきにやろうとせず、「ほどほどにやればいい」と考えることが、行動しやすくするコツです。

他人の評価など気にしない

他人からの評価を気にしすぎてしまうことはありませんか？

「相手はどう思うだろうか？」と考えすぎてしまうと、行動できなくなってしまいますから、人の評価はあまり気にしないほうがいいですよ。私たちは超能力者ではないのですから、相手の考えなどわかるわけがないのです。

企画書を作るときでも、「お客さまはどんな風に感じるだろうか？」と相手の評価を考えすぎると、いつまでも企画書の作成に取りかかれなくなってしまいます。

相手がどのような評価をしてくれるのかは、まさしく「神のみぞ知る」ことですので、いくら考えてもどうせわかりません。そのようなところにムダな力を注がないようにしましょう。

自分自身の判断で、「これでいい」と思えれば、それでいいのです。

人の評価を気にすると時間がかかる

米国ラバーン大学のグォック・ブイは、72名の大学生に、「私立大学と、公立大学の教育のそれぞれの長所と短所を論ぜよ」というレポート課題を出しました。論文は15日以内に提出しなければなりません。

課題を伝える際、あるグループの人には、「みなさんの書いたものは、後日、高校生の前で読み上げてもらうことになっています」と伝えました。他人に見られて評価されますよ、と伝えたわけです。

すると、このグループでは課題の提出までに平均15・83日かかりました。

期日は15日以内でしたので、締切りを守れなかった人も多く出たわけです。

「高校生に披露してもらう」ということを伝えなかったグループでは、提出の平均日数は9・92日でした。

他人に評価されないのであれば、学生はスムーズにレポート課題を終わらせることができたのです。

他人の評価は、自分ではどうにもできないことなのですから、最初から考えないことです。考えても時間と労力のムダづかいでしかありません。

他人からの評価を気にすると、行動もできなくなります。

評価に怯えてビクビクしなければならなくなり、気軽に行動するわけにはいかないと感じてしまうからです。

人間関係でもそうで、相手に好かれたいという気持ちが強すぎると、自然な会話ができなくなります。

相手からの評価を気にしすぎると、自分から話題を切り出すこともできなくなるのです。
「おかしな人だと思われるんじゃないか」などといちいち不安に感じていたら、会話ができるわけがありません。

その点、相手にどう思われようが自分はちっともかまわないという人は、自然体で会話ができます。その結果として、あまり嫌われることもありません。

隠しごともせず、オープンな態度で会話ができるので、そういうところが相手に好印象を与えるのでしょう。

私たちは、どうしても他人からの評価を気にしてしまうものですが、気にしないほうが、かえって良い結果になることも多いのです。

見切り発車でいこう

行動を起こすときには、あまりガッチリと目標などを立てず、見切り発車でまったく問題ありません。

なぜかというと、**私たちはしっかりと目標を立てようとすると、目標を立てたところで満足してしまい、肝心の行動をとらなくなってしまうことがある**からです。

たとえば、資格試験のための勉強をすることになったとしましょうか。

このとき、完ぺきなスケジュールを立てようとすると、かえって悪い結果になります。

「ようし、最高の目標達成プログラムができたな」という気分になると、そこで安心してしまうのか、「まあ、今日は疲れたし、実際の勉強は明日からのスタートでいいか」ということになりがちなのです。

そんなことに時間を使うくらいなら、勉強をしようと決めたその日のうちから基礎的な用語を暗記してみるとか、入門書を読み始めたほうがずっと有益です。

大切なのは、実際の行動をすることですからね。


シカゴ大学のアイレット・フィッシュバックは、スポーツジムに通っている103名を対象に、トレーニングを始める前に、半分の人には、「あなたの目標は?」といった質問をたくさんしてみました。目標に意識を向けさせるためです。

残りの半数には、そのトレーニングを「いつから始めましたか?」という質問をしました。

それから、すべての人に「今日はどれくらいトレーニングするつもりですか?」と見込みの時間も聞いてみました。

そして、彼らがトレーニングを終えて帰ろうとしているところでもう一度声をかけ、「今日はどれくらいトレーニングをしましたか?」と実際のトレーニング時間を聞いてみました。

その結果、目標について聞かなかったグループでは、予定が38・25分、実際は43・09分と、予定より長くトレーニングを行なっていました。

しかし、トレーニングをする前に自分の目標について考えさせたグループでは、予定では46・59分、実際には33・93分と、実際のトレーニング時間が減ってしまっています。

目標を立てるのは基本的にはいいことです。目標を立てるとやる気が出ますから。けれども、目標を立てることだけで満足してしまい、行動できなくなることもあるということは覚えておいたほうがいいでしょう。

行動しなくなるくらいなら、少々見切り発車でスタートしてしまったほうが、かえって良い効果を生むこともあります。

ただ記録をつけてみるだけ

ダイエットを試みたことがある人ならよくわかると思うのですが、ダイエットを成功させるのはとても難しいことです。相当な意志力がないと、おいしいものを食べたいという誘惑には勝てません。

ところが、意志力がない人でもわりと簡単に痩せられる方法として、「レコーディングダイエット」という方法があります。

何をするのかというと、**お菓子でも食事でもジュースでも、何かを口に入れるたびに、記録をつけます。**やるのはそれだけですので、特に努力もいりません。

記録をとることを英語で**「レコーディング」**というので、レコーディングダイエットと呼ばれています。

「記録なんてとって、どうなるの?」と思われるかもしれませんが、**記録をとるだけで、私たちの意識はちょっとずつ変わっていきます。**

ほんの少しかもしれませんが、「おやつはやめておくか」とか、飲み物を買うときには「甘いジュースでなく、お茶にしておくか」という気持ちも生まれるのです。

ほんの少しでも意識が変わると、行動のほうもほんのちょっぴり変わってきます。それが積み重なって、いつのまにか大きな成果につながるのです。

このレコーディングのテクニックは、貯蓄にも効果的です。

たいていの人は、お金を使うのは好きでも、貯めるのは好きではありませんよね。お金を貯めるのは、ダイエットと同じように大変です。

ところが、記録をつけるようにするだけで、どんどん貯蓄できるようになる、ということを示す研究があるのです。

オーストラリアにあるマッコーリー大学のメーガン・オーテンは、最初の1か月は特に何もしないで普通に生活してもらい、収入に対してどれくらい貯蓄できるのかを

使ったお金を記録するだけで貯蓄率が増えていく

ベースライン	8.23％
実験開始１か月目	13.15％
２か月目	18.80％
３か月目	27.11％
４か月目	37.65％

（出典：Oaten, M.ら、2007より）

調べました。これが基準となるベースラインです。

そして、次の月からは、お金を使うたびに記録をとってもらいました。

すると、上のような結果になりました。

どんどんお金を貯められるようになっていくことがはっきりと示されているデータですね。

最初は記録をとるだけのつもりでも、そのうちに何となく楽しくなってきて、もっと、もっと貯蓄してみたいという気持ちになるのです。

レコーディング・テクニックの良いところは、最初のハードルをものすごく低くして、「頑張らなくていい」という気持ちでスタートできること。ハードルが低ければ、だれでもすぐに取り組むことができますよ。

自分のやりたいようにやってみる

仕事をやりたくないと感じ、やる気が出ないのには理由があります。

それは、会社から強制された仕事だから。

私たちは、**自分のやりたいようにやるからやる気も出てくるのであって、他の人からムリヤリに押しつけられた仕事は、どうしてもやる気にならない**のです。

やる気が出ないので、いつまでもその仕事を放ったらかしにしてしまいます。


米国ニューヨーク州にあるフォーダム大学のポール・バードは、59名の銀行員の仕事ぶりについて調べてみました。

すると、「上司が自分の仕事にちょこちょこと口出しをしてくる」とやる気が失われ、ある程度、**自分の好きなようにやっていいときには「仕事は面白い」と感じ、やりがいを持って仕事ができる**ことが明らかになりました。

このことからもわかるように、仕事を楽しくやるコツは、自分でやりたいようにやること。

どんな組織でも、地位が低い人ほど「何となくやる気が出ない」ということが多いのですけれども、それは上司からあれこれと指図を受けるからです。

頑張って仕事をしていれば、そのうち出世もするでしょうし、自分のやりたいように仕事ができるかもしれません。

そうすれば仕事も面白いと感じるようになるはずです。

とはいえ、出世するのを待てないという人もいるでしょう。

そんな場合にはどうすればいいのかというと、上司にお願いしてみるのです。

「ある程度、自分の裁量でやらせてもらうというのは難しいでしょうか?」

「問題が起きたらすぐに連絡を入れますので、それまでは自分のやり方を試させてくださいませんか?」

腰を低くしてそのようにお願いしてみれば、意外に上司のほうもすんなりと「いいよ」と言ってくれるかもしれません。

私たちは、自分勝手な思い込みで「そんなことが許されるわけがない」と思っていることが多いのですが、上司のほうも本当はいちいち指示を出すのはわずらわしいと感じているかもしれません。

ですので、部下に自分で考えて仕事をやってもらえるなら、それはそれで自分もラクだし、ありがたいと思っていることも少なくないのです。

仕事というものは、できる限り自分のやりたいようにやりましょう。そのほうがやる気も出ますし、スピーディな行動もとれるようになります。

もっと気軽にチャレンジしてみよう

「自分の手にあまりそうだな」という仕事の依頼があったときには、チャンスです。たとえできる自信などなくとも、自分の実力では難しいと思っても、ぜひチャレンジさせてもらいましょう。

もしうまくいかなかったら、たいていの失敗は「ごめんなさい、できませんでした」と頭を下げて真摯にお詫びすればすむ話です。最初から尻尾を巻いてしまうよりも、とりあえずはチャレンジさせてもらいましょう。

簡単にこなせる仕事だけをしているのであれば、毎日の仕事に面白さを感じられるわけがありません。

「自分の腕前ではムリ」という仕事にチャレンジしてみるからこそ、働く意欲が湧くのです。

オーストラリアにあるニュー・サウス・ウェールズ大学のポール・エバンスは、オーストラリアとニュージーランドにある9つの音楽大学に通う392名の大学生に、演奏する曲を学ぶときに、「簡単にできる」ものと「自分の力量では手にあまる」もののどちらを選びたいかを聞いてみました。

すると、難しい曲にチャレンジしたいと答えた人ほど、1週間での楽器の演奏の練習頻度が高く、意欲的に練習することがわかりました。

チャレンジする心が、やる気を生み出すのです。難しいことから逃げてはいけません。

失敗は、時が経てば笑い話になりますから、失敗を恐れずに、どんどん挑戦してみてください。そのほうが仕事も面白く感じてきますから。

私自身のお話をさせてもらうと、出版社の編集者から「先生、こういうテーマの本を書けますか?」という依頼があったときには、何も考えずに「いいですよ」と答えるようにしています。それが私の「自分ルール」です。

私の専門は対人心理学という分野なのですが、医療系や健康系の心理学のテーマの本も、依頼があればホイホイと安請け合いします。ビジネス心理学の本も執筆すれば、恋愛心理学の本も執筆します。

不思議なもので、「できない」と思っていても、チャレンジしてみるとけっこう何とかなってしまうものです。

たまにものすごく苦労することもありますが、そういう苦労をするからこそ、人間は成長するのではないかと思います。

毎日、決まった仕事をこなすのは簡単ですが、簡単なことばかりやっていても、面白くありません。たまには、難しそうと感じる仕事も引き受けてみましょう。

「だれか、この仕事やりたい人いる?」と上司がみんなに向かって声をかけたときには、真っ先に手をあげて「私にやらせてください!」と言ってみましょう。

大変な仕事でも、いや大変だからこそ、なおさら面白いと感じられてきますよ。

ポジティブなひとりごとを口癖に

そんなにおいしくもない料理でも、「おいしい、おいしい」と口に出しながら食べていると、本当においしく感じられるものです。

同じように、**どんなに退屈な仕事でも、「なにこれ、すごく面白い!」「うわぁ、楽しい!」と呪文のように唱えながら取り組むと、本当に面白いと感じてきます。**

私たちの脳は、自分が口にする言葉の影響をかなり受けます。

「楽しい、楽しい」と口に出していると、私たちの脳は「何か楽しいことをやっているに違いない」とだまされて、ドーパミンなどの幸せホルモンをどんどん分泌してくれるのです。

言葉だけでなく、表情もそうです。**ニコニコと楽しそうな表情をしていると、私た**

言葉で気分が変わる

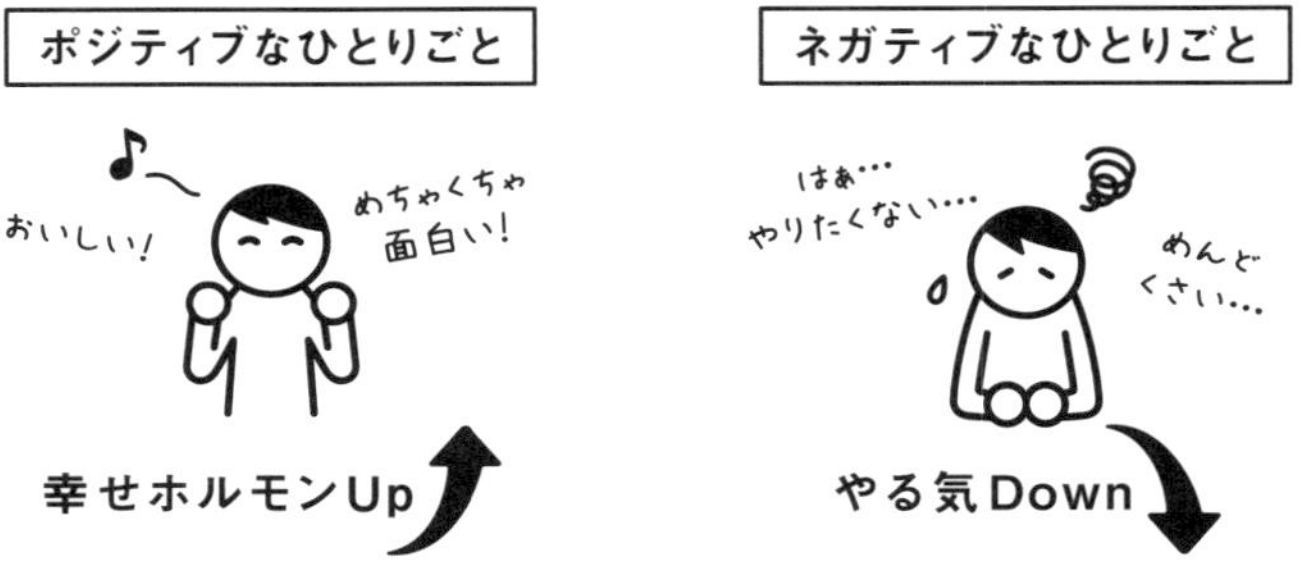

ちの脳が幸せホルモンを分泌してくれるので、本当に楽しく、嬉しい気持ちになってくるのです。

というわけで、勤務時間中は、しょっちゅう「楽しい」とつぶやきながら取り組んだほうがいいのです。そのほうが仕事も楽しめるようになるでしょう。

くれぐれも「つまらない」などネガティブなセリフを口から出してはいけません。「つまらない」「退屈」と口に出していたら、本当につまらなく感じてしまいますから。

カナダにあるコンコルディア大学のマリリン・ガニアは、33名の女性の体操選手（米国体操連盟の分類で平均6の人たち。ちなみに最高レベルの選手は9）に、4週間、練習前に日記をつけてもらいました。

その日記を分析してみると、「体操って楽しい」「新しい技ができるようになると嬉しい」といったポジティブな内容の日記を書いている選手ほど、決められた15回の練習にきちんと参加する回数が多くなることがわかりました。

どんなに苦しい練習でも、「面白い」と言いながら取り組むと、疲労も感じにくくなりますし、練習が終わったら、非常に気持ちのいい爽快感を得られます。

「イヤだな」「やりたくないな」と口にしているから、やる気も出なくなってしまうのです。

やりたくない仕事をしなければならないときほど、「楽しい、楽しい」と連呼してみてください。少しずつでも、楽しい気持ちになってくるでしょう。

「仕事があるって、ありがたいよなあ」とウソでもいいので口に出していると、どんな仕事にも感謝できるようになります。

ぜひ、できるだけ**ポジティブな言葉を口に出す**ようにしてみてください。

たっぷり眠る

多くの日本人が、睡眠不足に悩まされています。

ＯＥＣＤによる２０２１年の調査では、日本人の平均睡眠時間は7時間22分。この数値は33か国の中で最も短い時間でした。


こんな状態では、やる気が出るわけがありません。

人間にとって睡眠は非常に重要であり、不眠の状態では頭もぼんやりするでしょうし、身体も疲れたように感じて、力など出せるわけがないのです。

睡眠時間が足りないのに、「さぁ、頑張ろう！」と自分に言い聞かせようとしても、それはムリというものです。

すでに疲れている人に、「もっと頑張れ！」と励ましてもムリなものはムリなのと一緒です。

睡眠が足りない人は、精神的なエネルギー不足になりがち。

スイスにあるジュネーブ大学のラルフ・シュミットは、実験参加者にこの1か月の不眠のレベルを尋ねてから、無意味な文字列（L・P・Y・S・M・Aなど）を記憶するという作業をしてもらいました。

時間は5分間。5分が経過したところで、覚えているかどうかのテストを行いました。

それから作業がどれくらい難しかったかなど、いくつかの質問をして約6分後に、もう一度抜き打ちで先ほど覚えた文字列の記憶テストをしました。

その結果、**不眠の人ほど、直後の記憶はそれなりによかったものの、2回目の抜き打ちテストでは成績がさんざんであることがわかった**のです。

不眠の人はエネルギー不足になりがちで、覚えたこともすぐに忘れてしまうのです。覚えておくために使うエネルギーが枯渇してしまっているのでしょう。

「朝から、どうも仕事が乗らない」
「なぜかやる気が出てこない」
「何だかすぐに疲れてしまう」

もしそういう自覚症状があるのなら、睡眠が足りていないからかもしれません。睡眠時間が足りていれば、心も身体もエネルギーに満ちあふれ、足取りも軽く、ホイホイと仕事もこなせるものです。

夜遅くまでゲームをしたり、動画を見たりするのはやめましょう。寝不足になって、どんどんやる気が失われてしまいます。

疲れっぽいのは、年のせいでも、怠け者だからでもなく、ただの睡眠不足ということもあります。

睡眠さえ十分にとるようにすれば、だれでもやる気は復活するものなのです。

朝型人間になってみる

「朝型人間」と「夜型人間」という分け方をすることがあります。

夜はさっさと寝て、早起きをするのも苦にならないのが朝型人間。

逆に、午前中にはやる気が出ず、夜になると目が冴えてくるようなタイプが夜型人間です。


さて、ネガティブ思考になりやすいのはどちらだと思いますか。

何となく答えを推測できると思いますが、正解を先に言えば、夜型人間のほう。

朝型人間は、クヨクヨと心配したり、悩んだりしません。


ニューヨーク州立大学ビンガムトン校のジャコブ・ノタは、朝型か夜型かを調べる心理テストを受けてもらう一方で、どれくらいネガティブ思考に陥りやすいのかも教

朝型の生活に変えてみる

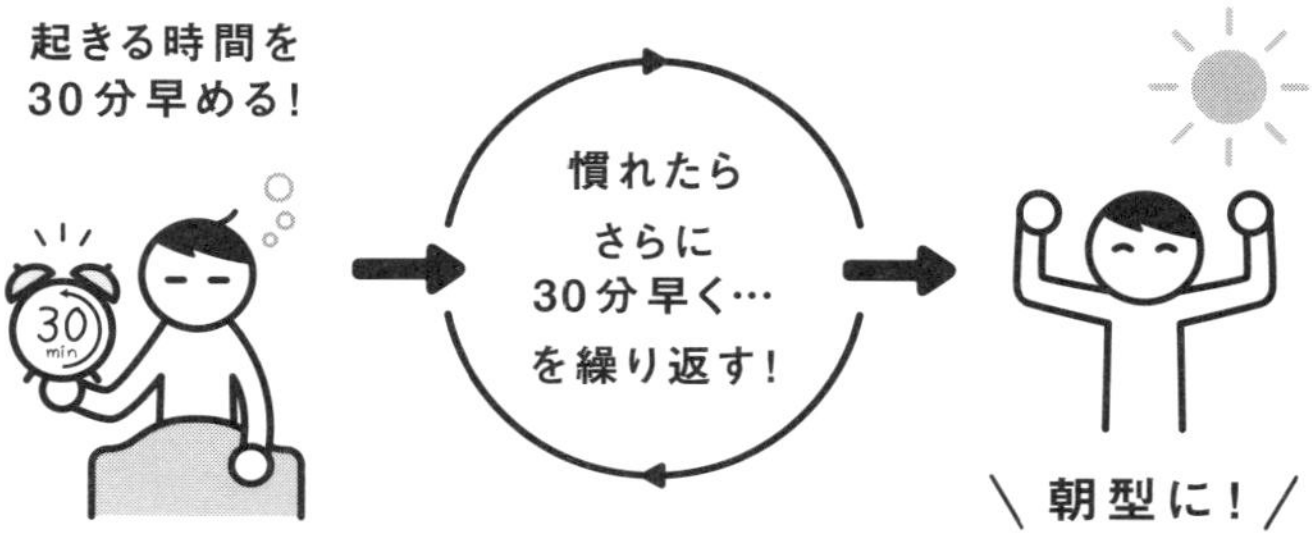

えてもらったのですが、**夜型の人ほどネガティブ**であることがわかりました。

朝型人間は、快活で、物事を明るく、楽観的に考えることができます。

過ぎたことはもうどうしようもないのだと割り切って、ウジウジといつまでも悩んだりもしないのです。

もし読者のみなさんが、夜型人間だという自覚があるのでしたら、朝型人間に生まれ変わりましょう。

そのほうが心身ともに健康になれますし、バイタリティにあふれた人間になることができます。

ありがたいことに、朝型か夜型かというものは、いくらでも変えることができます。

血液型や指紋は生まれつき決まっていて、個人の努力で変えることはできませんが、朝型かどうかは、本人の意識で変えることができるのです。

朝型人間になるには、起きる時間を少しだけ早めてください。30分ほどがいいでしょう。

30分の早起きに慣れたら、そこからさらに30分の早起きをしてください。それにも慣れたらさらに30分、という具合に**起きる時間をどんどん早めていく**のです。

いつ就寝するか、いつ起きるのかということは習慣です。

最初の数日は少しだけ苦しい思いをするかもしれませんが、1週間から2週間ほどで睡眠の習慣を変えることができますし、いったん早起きが習慣化されると、苦しいとも何とも思わなくなります。

「早起きは三文の得」という言葉もありますが、早起きをすると心理的に健康になれます。ネガティブ思考も浮かびにくくなります。

これはお金が得られること以上にありがたいのではないでしょうか。

夜更かしして頭がぼんやりしている人が、物事を明るくポジティブに考えられるかというと、それは難しいですよね。何をするにも面倒だとか、億劫だと感じがちです。

「私は、ネガティブなことばかり考えてしまう」と悩んでいる人は、夜型人間だからかもしれません。

朝型人間になってしまえば、ネガティブ思考もずいぶんと抑制できるでしょうから、ぜひ一度、朝型人間になってみてください。

面倒なことは習慣化してしまう

読者のみなさんは、毎日お風呂に入ったり、就寝前に歯を磨いたりすることに苦痛を感じるでしょうか。毎回、それをするたびに「面倒くさいな」と不愉快な思いをしていますか。

おそらく、そんなことはないですよね。

なぜかというと、大多数の人にとっては、お風呂に入ったり歯を磨いたりすることは、すでに習慣化されているから。習慣なのですから、ほとんど何も考えずに行動できます。

というわけで、**すぐに行動するための一番の方法は習慣化してしまうこと**。

いったん習慣化してしまえば、ほぼ自動的に行動できるようになります。**あれこれと頭で考えることなく、実行に移せる**のです。

米国ワイオミング大学のエリック・ディアリングは、低収入世帯の167名の幼稚園児を、小学5年生になるまで追跡調査してみました。ディアリングは、子どもが幼稚園のときに、お母さんに、「家族のだれかが子どもに読み聞かせをしてあげているか」を聞きました。そして小学校に上がってから、どれくらい文字をよく覚えるのかも調べてみたのです。

すると、幼稚園の頃に読み聞かせをしてもらっている子どもほど、小学校に上がってからの識字率が高くなることがわかりました。

小さな頃から本を読んであげることを習慣化してしまえば、子どもは本を読むことを嫌がらなくなります。

本を読むのは**「当たり前のこと」になるので、まったく苦痛を感じません。**そのため、苦労もせずに文字もどんどん覚えていきますし、知識もつくのです。

何をするにしても、苦しまないコツは習慣にしてしまうことです。

高橋尚子さんは、現役時代には毎日50キロ走っていたそうです。5キロではなく、

50キロですよ。

私たちにとっては相当に苦しいと思うのですが、アスリートにとっては、それくらいの距離の練習は当たり前なのだそうです。

イチロー選手は小学生のときに1年に363日、バッティングセンターに通うことを習慣化していました。バッティングセンターが閉まっているお正月の2日間だけは、さすがに練習をお休みしたそうですが。

苦しいことでも習慣化してしまえば、恐れることはありません。

英語を学ぶときには、英字新聞を定期購読するとか、英語でニュースを聞くことを習慣化してみてください。

最初は苦しいと思うかもしれませんが、だいたい20日ほどで行動が習慣化されますので、それ以降は苦しいとも感じることなく、ごく自然に行動を継続できるはずです。

COLUMN

イベントを「きっかけ」にする

自分の悪いところを変えようとか、新しい自分になろうと思っても、なかなか最初の一歩を踏み出せないことはよくあります。

何かの「きっかけ」がないと、人は新しい行動を起こそうという気持ちにならないのです。

偶然、何かのきっかけがあると、そのタイミングで自分をたやすく変えることができます。そういうたまたまのきっかけをうまく利用し、行動を起こす原動力にするのも良いアイデアです。

ドイツにあるギーセン大学のセバスチャン・バンベルクは、こんな調査をしています。

「環境にやさしい生活を送るために、公共のバスや電車を使いましょう」とどんな

イベントは行動を変えるチャンス

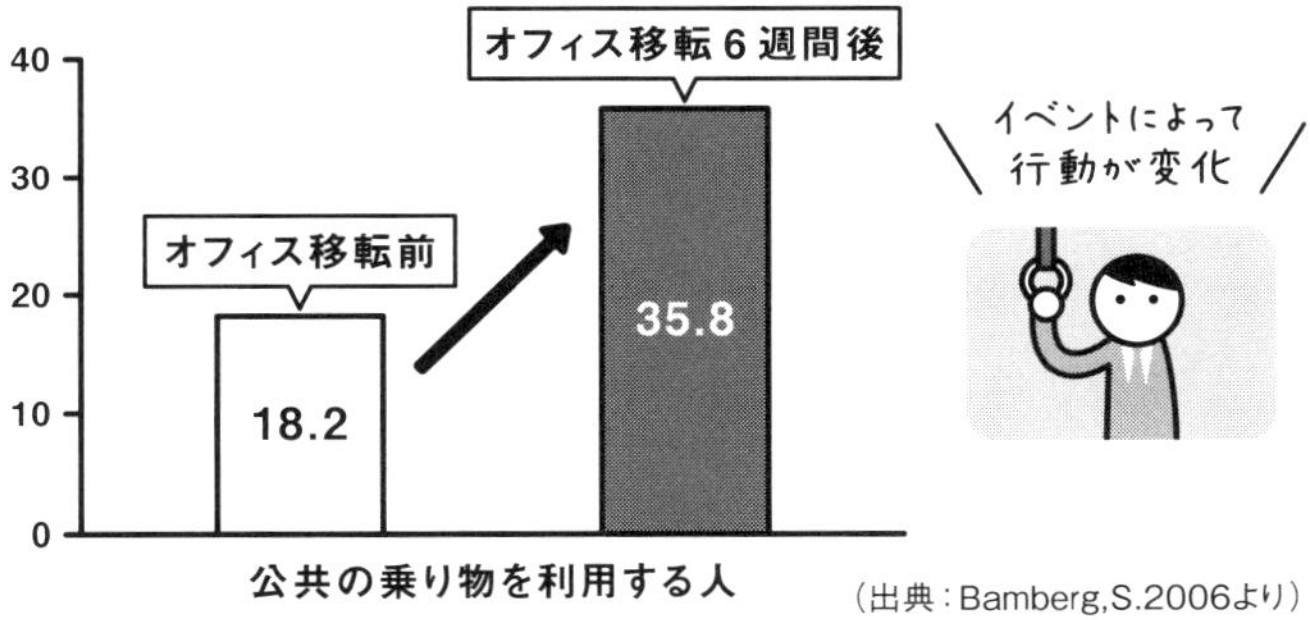

（出典：Bamberg,S.2006より）

に訴えても、多くの社員は自家用車で出勤していました。

ところが、オフィスが建物の移転に伴って引っ越しをすることになった169名のデータを分析すると、引っ越し前には公共の乗り物を利用する人は18・2％だったのに、引っ越し後6週間目に調べるとそれが35・8％に増えていました。

オフィスの移転という、たまたま起きたイベントによって、通勤手段を変えることができたのです。

自分に何らかのイベントが起きるときは、新しいことを始める大きなチャンスです。

行動を起こそうという心理状態になっている

ので、普段より簡単に物事を始めることができるでしょう。

たとえば、中学生を卒業して高校に入学したとき。あるいは高校を終えて大学に入学したとき。

環境が変化するタイミングでダイエットを始めたり、勉強を始めたり、運動を始めると、新しい習慣も簡単に身につけることができます。

何かのイベントをきっかけにして、人はまったく違う自分に生まれ変われることが少なくありません。

それまでは落ち着きなくふらふらした生活を送っていたのに、結婚を機に、あるいは子どもを授かったことを機に、とてもしっかりした大人に生まれ変わる人も少なくありません。

実家で暮らしていたときには何でも親まかせだったのに、一人暮らしを始めたとたん、家事をすべてやらなければならなくなり、責任感のある人間に生まれ変わった、ということもあるでしょう。

何かしらのイベントが起きるときには、せっかくですのでそのタイミングを大いに利用しましょう。

昇進したときには、「これからは部下を持つようになるのだから、マネジメントの本でも読んでみるか」と思って勉強すれば、何もないときに勉強をスタートするよりも、はるかに意欲的に取り組めるはずです。

第2章

すんなり行動するための裏ワザ

やりたくないことも片づけられる魔法の秘薬!?

やらなければならないことは重々承知しているのに、それでもやりたくない仕事をするためには、セルフ・コントロール能力が高くなくてはいけません。「やりたくない」というサボり心をねじ伏せるのがセルフ・コントロール能力と呼ばれるものです。

では、生まれつきセルフ・コントロール能力が低い人は、どうにもならないのかというと、そんなことはありません。一時的ではあっても、だれでもセルフ・コントロール能力を一気に強化できる魔法のような秘薬があるのです。

「えっ、それってアスリートがドーピングに使うステロイド剤じゃないですよね⁉」と思われる人もいるかもしれませんが、違います。

どこにでも売っていて、だれでもごく普通に摂取しているものです。

じらさずに正解を言うと、その秘薬とは「砂糖」。「なあんだ」と安心しましたでしょうか。

砂糖を口にすると、血中のグルコース濃度(血糖値)が上がって、本来ならやりたくないことでもやれるようになる、つまりセルフ・コントロール能力が高まるのです。

サウスダコタ大学のX・T・ワンは、65名の大学生のうち、32名を実験群に、33名を比較のためのコントロール群に割り振って、実験群のほうには砂糖が入っている「スプライト」を飲んでもらいました。

コントロール群には、人工甘味料が入っているので甘さは感じられるものの、血糖値はまったく上がらない「スプライト・ゼロ」を飲んでもらいました。

それから、どちらのグループにも、「明日120ドルもらうのと、1か月後に450ドルもらうのでは、どちらがよいですか?」といった選択課題をやってもらいます。

たいていの人はセルフ・コントロール能力が低いので、こういう選択課題をやらせると、必ず早く報酬が得られるほうを選びます。

報酬を遅らせたほうがたくさんもらえるので、そちらのほうが確実におトクだとわかっていてさえ、遅らせるほうを選ばないのです。人は我慢できないのですね。

ところが、事前に糖分をとって血中のグルコース濃度をアップさせると、報酬を遅らせて「我慢する」という選択が増えることがわかりました。

砂糖は私たちのセルフ・コントロール能力を高めてくれるのです。

もちろん、しょっちゅう甘いものを食べていたら太ってしまいますので、このテクニックは「ここぞ！」というときまでとっておいたほうがいいでしょうね。

やりたくもない仕事なのに、それでも本日中にどうにか片づけないといけないときなど、本当に切羽詰まったときには砂糖を摂取してください。

10分ほどで血中のグルコース濃度は高まりますので、やる気を引き出して一気に終わらせてしまうといいでしょう。

「プライミング効果」を使う

受験生は、「絶対に○○大学合格！」などと書いた紙を部屋の壁に貼りつけておくことがありますが、心理学的に言うと、これは悪くありません。「合格」という文字を目にすると、自分でも知らないうちに勉強しようという意欲が生まれるからです。

たまたま目にした文字や映像などが、その後の行動に影響を与えることを心理学では「プライミング効果」と呼んでいます。

プライミングとは「点火剤」や「起爆剤」という意味です。

ドイツにあるポツダム大学のステファン・エンゲザーは、２１２名の大学生に、10×10マスにアルファベットの文字が並んでいる表を見せ、その中に隠された単語を見

プライミング効果

つけ出すという作業をしてもらいました。

まずは練習してもらうのですが、あるグループでは見つけ出す単語は「成功」「勝利」といった単語になるようにしました。

さりげなく、達成意欲をプライミングするような単語になっているわけです。

別のグループでは、見つけ出す単語は「植物」「ランプ」「緑」など、どうでもいいようなものにします。こちらはコントロールグループです。

これを何回かやってもらい、十分にプライミングができたところで、「さて、みなさん。今までは作業に慣れてもらうための練習でしたが、ここからが本番ですよ」と告げ、同じ10×10のマスで、名詞か動詞の単語を見つけ出してもらいました。

すると、練習で「成功」などの達成意欲にかかわる単語を見つけてプライミングを受けたグループでは、発見した名詞は12・4個、動詞は12・3個でした。

練習で達成意欲に関係ない単語を見つけたグループでは、名詞11・1個、動詞11・3個でしたので、プライミングを受けたグループのほうが成績は良くなったことになります。

何か行動をするときには、意欲を引き出すために「やる気」「根性」「元気」といった単語を頭の中に思い浮かべてみるのもいいですね。そうしてからのほうが、はるかに行動を起こしやすくなるでしょう。

全力で走る動物の映像を見る

たまたま目にしたものが、その後の行動に影響を及ぼすことをプライミング効果と呼ぶことをお話ししましたね。

このプライミング効果は、文字だけでなく、映像を見ることによっても生じることが確認されています。

したがって、**フットワークを軽く、スピーディに行動したいときには、素早い動きをする動物の映像や動画をしばらく眺めてみる**のも良いアイデアです。

たとえば、競馬のレース。

最終コーナーを曲がったところで競走馬たちがゴールに向かって疾走する場面を見ていると、プライミング効果が起きて、自分の行動するスピードもアップするでしょう。

素早く動く生きものを見ると、自分の反応も早くなる

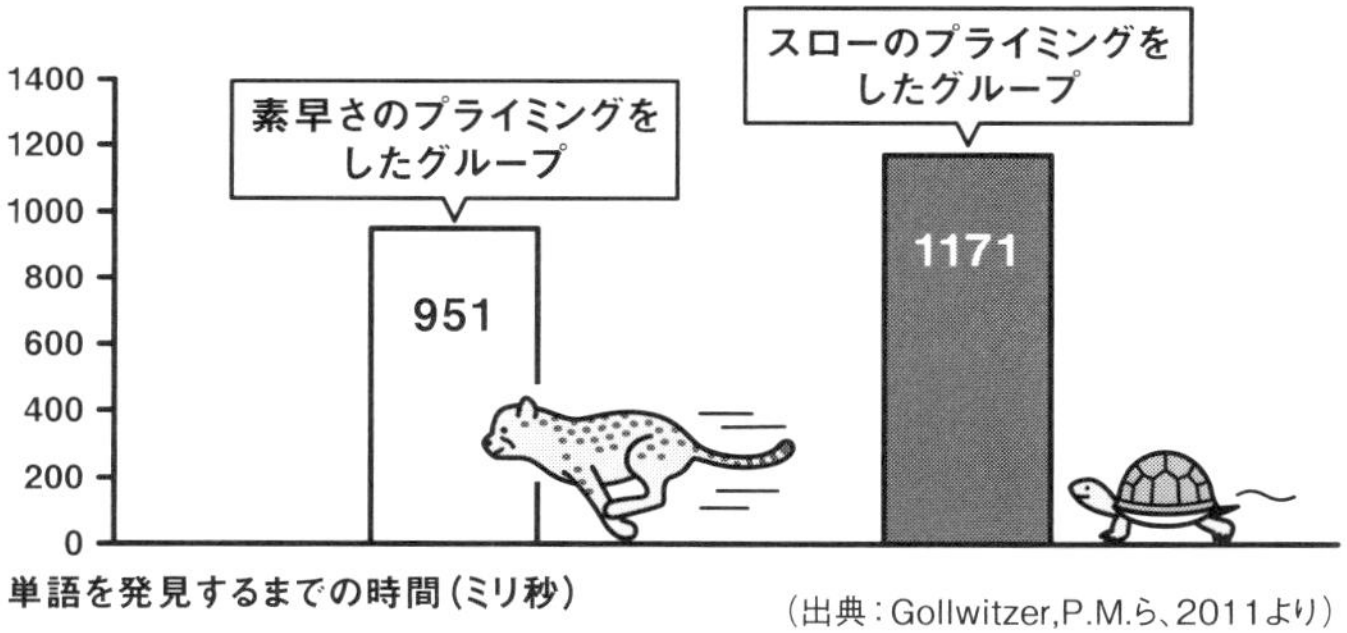

（出典：Gollwitzer,P.M.ら、2011より）

「サバンナ」「チーター」「動画」などのキーワードで検索してみるのもいいでしょう。全力で走っている動物を見れば、私たちの身体も同じように活性化して、身体も軽く感じて行動しやすくなると思われます。

ニューヨーク大学のピーター・ゴールウィッツァーは、50名の大学生を2つに分け、片方のグループには、チーター、ピューマ、ウマ、グレイハウンド（猟犬）などの「素早さ」のプライミングを行い、もう片方のグループにはナメクジ、カメなどで「スロー」のプライミングをしてから、隠された単語を見つけ出すまでの時間を測定してみました。

その結果、素早さをプライミングする条件ほど、素早く反応できることがわかったのです（図参照）。

グラフから明らかなように、プライミング効果は非常に効果的だということがわかりますね。

仕事に取りかかる前には、チーターやウマの動画や写真を見てみましょう。走っている姿をイメージするだけでも大丈夫です。

ほんのちょっとでもそういうことをしておくと、その後の仕事が非常にラクになるかもしれません。

偉人の伝記を読む

何もする気が起きず、ダラダラしてしまうと悩んでいるのなら、偉人の伝記を読んでみるのもオススメです。

どんな人でも、何かを成し遂げるためには信じられないほどの努力をしなければなりません。

俗に「天才」と呼ばれる人でも、何の努力もせずに偉人にはなれません。人の2倍も3倍も隠れた努力をしているものであり、伝記を読むとそれがわかります。

エジソンやナポレオン、野口英世、二宮尊徳などの伝記を読むと、心が震えるほどの感動があるでしょう。

文字を読むのが苦手なら、子ども向けの絵本でもかまいません。漫画で読める偉人の伝記の本などもありますので、好きなものを読んでください。

偉人の伝記を読むと、やはりプライミング効果によって、「自分も頑張ろう！」という気持ちが生まれてくるのです。意図的にやる気を出そうとしなくとも、自然に出てきます。

オランダにあるマーストリヒト大学のカロリン・マーティンは、73名の大学生を2つのグループに分け、ひとつのグループには、スピードスケート選手のヘラルド・ファン・フェルデについて書かれた話を読んでもらいました。

彼はソルトレイクシティの冬のオリンピックにおいて、500メートルのレースでは0・02秒差で銀メダルという悔しい思いをしたものの、気持ちを切り替え、1000メートルでは見事に金メダルを獲得したのです。

そういうエピソードを読んでもらうことで、「根気」や「やる気」をプライミングしたわけですね。

コントロール条件の人たちには、オリンピック委員会についてのどうでもいい文章を読んでもらいました。

さて、この話を読む前後で、参加者がハンドグリップを握りつづける時間を測定したのですが、コントロール条件のグループは、2回目の測定では短い時間しか耐えられませんでした。1回目で疲れてしまったのです。

ところが、ヘラルド・ファン・フェルデのエピソードを読み、「根気」や「頑張り」をプライミングされたグループでは、2回目の測定でも長い時間ハンドグリップを握りつづけることができました。

偉人の伝記を読むようにすれば、マーティンの実験の参加者と同じように、「私だってやろうと思えばできる」というモチベーションが湧いてきて、自分でも信じられないほどの力が出せることでしょう。

いくつになっても「私は若い」という意識を持つ

40歳になろうが、50歳になろうが、「私も老けたなぁ」などと思ってはいけません。なぜかというと、「老けた」と思っていると本当にどんどん老け込んでしまい、バイタリティも萎んでしまうからです。

自分が年をとったと思っていると、それがプライミング効果を引き起こし、キビキビと動けなくなってしまうことも実験で確認されています。

ニューヨーク大学のジョン・バルグは、30名の大学生を半分に分け、実験群には「お年寄り」について考えさせ、コントロール群にはどうでもいいことを考えてもらいました。

そして、参加者が実験室を出てから約10メートルを歩くスピードをこっそりと測定してみると、次のグラフのような結果になったのです。

行動を早めたいなら、気持ちを若く

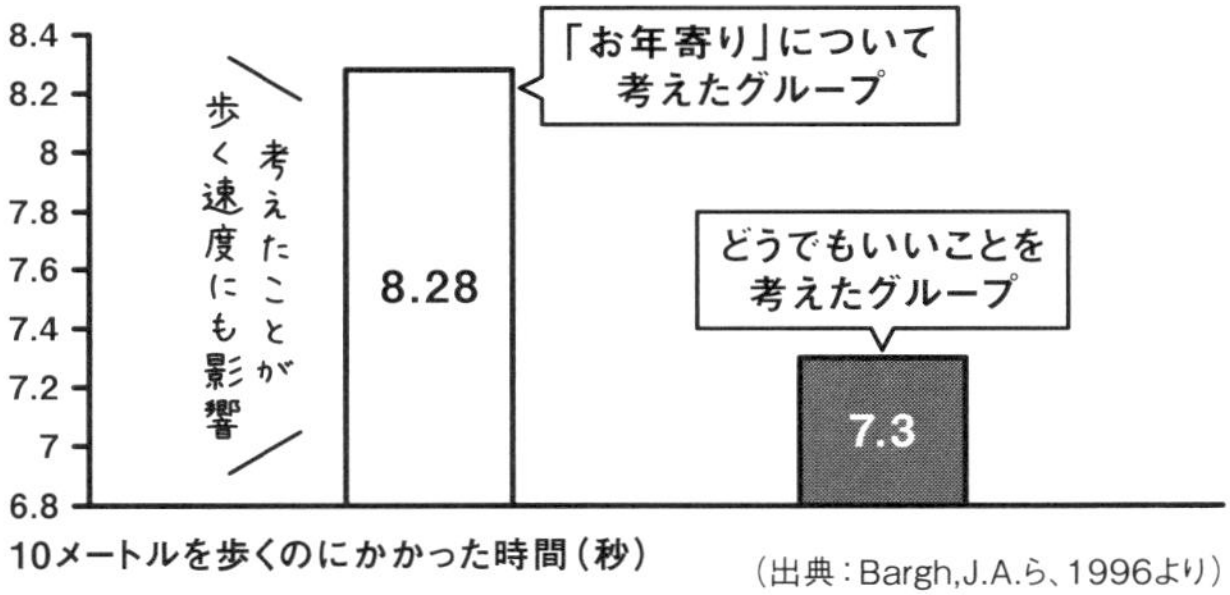

（出典：Bargh,J.A.ら、1996より）

お年寄りについて考えていると、無意識のうちにそれが私たちの行動に影響します。物憂そうに、ゆっくりした動きになってしまうのです。

というわけで、自分が老けたなどと思わず、「私はまだ若い」という意識を持つようにしたほうがいいですね。

そのほうが足を高く上げて、腕を大きく振り、颯爽とした歩き方になります。

当然、すべての行動もスピードアップするに違いありません。

行動的な人を観察してみる

「Aさんって、人の2倍も3倍も働くよなあ」
「Bさんって、仕事の鬼だよな」
「Cさんって、なんであんなに朝からエネルギーが出せるんだ?」

どんな職場にも、1人くらいはバリバリ働く頑張り屋さんがいるのではないでしょうか。そういう人の仕事ぶりを、しばらく観察してみましょう。

頑張っている人の姿を見ると、私たちもその人と同じように頑張り屋さんになれます。これを心理学では**「モデリング効果」**と呼んでいます。

モデリングとは「モデル」(見本)という単語に由来する言葉です。

私たちは、**他の人の行動を見ていると、知らないうちにその人物と同じような行動をとれるようになる**のです。

面白い実験をひとつご紹介しましょう。

米国ロチェスター大学のロン・フリードマンは、44名の大学生を対象に、こんな実験を行っています。

学生が実験室に行くと、先に来ている参加者がまさに実験を受けるところでした。フリードマンは、学生に「もうすぐあなたの番ですので、部屋の後ろのイスに座って見ていてください」と告げます。

ただし、先に来ている参加者は、実はサクラ。

実験では、ニンテンドーの「バーチャル・ボーイ」というゲームをプレイしてもらい、その後で感想を告げることになっていたのですが、サクラはあるときには「つまらなくて退屈」とネガティブな感想を述べている姿を見せ、別の人のときには、「面白くて、楽しい」とポジティブな感想を述べている姿を見せました。

サクラが実験室から出ていってから、本物の参加者の番です。やはり同じように

「バーチャル・ボーイ」を10分間プレイし、それから感想を述べるのですが、サクラが面白いと言っている姿を見たグループほど面白さを感じ、サクラがつまらないといっていたときには本物の参加者もつまらないと答えることがわかりました。

私たちは、自分が目にするモデルの影響を受けますので、バリバリ仕事をしたいのなら、バリバリ働いている人を見ればいいのです。

一言も愚痴や不満などを口にせず、ニコニコしながら働いている人をしばらく眺めていると、「さて、私もやろうかな」という気持ちになってきます。自然にそういう気持ちが生まれるのです。

行動的になりたいときは、ダラダラしている人が自分の視界に入ったら、すぐに目をそらしましょう。そういう人を見ていると、自分もだらけてしまいますから。

私たちが見たほうがいいのは、颯爽と歩いて、キビキビと行動している人。そういう人にだけ目を向けるようにすると、自分も楽しく仕事に取り組めます。

余計なことを考えない

私たちのメンタル力は、有限です。したがって、いろいろと余計なところに気を遣っていると、肝心なときにメンタル力を使えなくなってしまいます。

たとえば、メンタル力が１００あるとして、その１００を全部仕事に向ければ、バリバリ仕事がこなせるはずなのに、イヤな相手のことを考えて20を使い、週末にやらなければいけないことなどを考えて30を使ってしまったとすると、残りの50しか仕事に向けられません。

メンタル力は有限なのですから、余計なところに使わないようにするのがポイントです。

本書のタイトルには「考えすぎて動けない」という言葉が入っていますが、余計なことを考えていると、みるみるメンタル力が減ってしまいますので、行動しようとい

メンタル力は使えば使うほど減っていく

う意欲が落ちてしまうのも当然といえるでしょう。

メンタル力は使えば使うほど落ちてしまうことは、実験でも確認されています。

カリフォルニア大学バークレー校のクレイトン・クリッチャーは、２人１組のペアを作ってもらい（ただし相手は実験協力者のサクラ）、細工のしてあるコイントスにより、参加者は必ずインタビューを受ける側、サクラのほうはインタビューをする側に割り振りました。

さて、インタビューを始める前に、参加者の半数には、余計なメンタル力を使わせるために「自分の性的な指向については相手に教えず、うまく質問をはぐらかして隠すようにしてほしい」とお願いしておきました。残りの半数には、そういう指示を出さず、自由に答えてもらいました。

インタビューが終わったところで、たくさんのブロックが積まれた形の図形を見て、ブロックが全部でいくつあるのかを答えるという作業をしてもらいました（子どもが遊ぶパターンブロックのようなものです）。この作業もやはりメンタル力を使います。

その結果、インタビューのときに隠しごとをするように仕向けられ、余計なメンタル力を使ったグループは、この作業での正答率は47・6％になってしまいました。余計なメンタル力を使わなかった半数の参加者の正答率は57・8％でしたから、かなりの下落だといえます。

仕事のやる気が出ないのは、余計なことを考えてメンタル力を使い果たしてしまっているからかもしれません。

心配や不安などもやはりメンタル力をどんどん奪いますので、できるだけ考えないようにしたほうがいいでしょう。

「家族のため」と考えてみる

昔の人は、とても貧乏でした。戦争に負け、焼け跡から這い上がらなければなりませんでしたので、ほとんどの日本人が貧乏だったのです。

昔の子どもたちは、自分の両親が必死になって働いている姿を間近で見て育ったためか、「いつかは自分がお金持ちになって、親に恩返しをしてあげるのだ」と考えたものでした。

昔のアスリートや格闘家や芸能人は「親にラクをさせてあげるのだ」とか「お母さんを大きな家に住まわせてあげたい」と考えて必死に頑張りましたから、どんな苦しさにも耐えることができたのです。

家族のために頑張るというのは、まことに良いアイデア。

「自分のため」という理由ではそんなに本気になれない人でも、家族のためならば違います。

イリノイ大学のエヴァ・ポメランツは、アメリカの中学1年生と2年生374名と、中国の中学1、2年生の451名に、「自分が大きくなったら、どれくらい親の面倒を見ないといけないと思うか？」と質問しました。

また、それぞれの生徒の学業成績も教えてもらいました。

すると、中国の子どもほど、やはり儒教の影響なのでしょうか、「親の面倒を見るつもりだ」という回答が多かったのです。ここまでは予想がつきます。

面白いのはここからで、アメリカの子どもであろうが、中国の子どもであろうが、「親の面倒を見るつもりがある」と答えた子どもほど、何と学業成績も高くなる傾向がありました。**親のために頑張ろうという子どもほど、勉強熱心だったのです。**

「親なんて、どうでもいいよ。自分がお金持ちになりたいんだ」という考えでは、そんなに勉強も頑張れません。

親の喜ぶ顔を見たいと思えばこそ、メラメラとやる気の炎は燃え盛るのです。

「親のためだと考えてもやる気が出ない」というのであれば、自分の子どものことを考えるのはどうでしょう。

愛する子どものためだと思えば、たとえ残業が少しくらいきつかろうが、いくらでも働いてやるぞという意欲が湧いてきて、仕事のモチベーションは高まるのではないでしょうか。

人間は、自分のためではなく、家族のためだと考えたほうがやる気が出てくるものです。

辛い仕事をしなければならないときには、家族の笑った顔を頭の中でイメージしてみてください。信じられないほどにやる気が満ちてくるのがわかると思いますよ。

「恥ずかしい」という気持ちをエネルギーに変える

「恥ずかしい」という気持ちも、やる気を引き出すのに効果的です。「みんなに馬鹿にされるのが恥ずかしい」と思う気持ちも、本を読んだり勉強をしたりするための燃料になります。

私自身の話をしますと、私は中学2年生まで、家で勉強したことがありませんでした。勉強時間は完全にゼロ。小学生のときから一度も宿題をやったことがありません。勉強が大嫌いだったのです。

ありがたいことに、私の両親はどちらも中卒で勉強が大嫌いな親でしたから、息子の私にも「勉強しろ」と強要しませんでした。

ところが中学2年生のあるとき、「このままだと高校にも行けないな。高校に行け

ネガティブな感情も原動力になる

ないとカッコ悪いし、恥ずかしいな」と何となく思ったのです。

私はとても見栄っ張りな人間でしたので、おバカさんだと思われるのは許せないと思い、いきなり勉強をするようになったのです。

「恥ずかしい」という気持ちは、意欲に変えてしまいましょう。

何となくダイエットをしようと思っても痩せられませんが、「デブだと人に笑われるぞ」と思えば、どんなに苦しい運動にも耐えられます。

「後輩に笑われるぞ」と思えば、仕事への取り組み方も変わってくるでしょう。恥ずかしい思いをするのは、だれでもイヤでしょうから。

米国ロチェスター大学のリチャード・ライアンは、「恥ずかしさ」が意欲をもたらすことを109名のアルコール依存症の外来患者（平均30・5歳）の調査で明らかにしています。

ライアンの調査では、「アルコール依存症というレッテルを貼られるのは、とても恥ずかしい」と感じる人ほど、治療に積極的に参加し、途中でドロップアウトすることも少なかったのです。

恥ずかしさは、決してネガティブな感情ではありません。

「みんなにおバカさんだと思われようが、私はまったく気にならない」という人は、おそらく苦手な勉強をする気持ちにはならないでしょう。わざわざイヤな勉強をする必要を感じないからです。

「恥ずかしい」という気持ちがあるのなら、その気持ちを大切にしましょう。

「恥ずかしい」という気持ちは、うまく使えば、自分を変えるのにとてつもなく素晴らしいエネルギーを生み出してくれます。

制限時間を設ける

締切りや納期があるから、人は頑張れます。

もし締切りも何もなく、「どれだけ時間をかけてもいいよ」と言われていたら、そんな仕事はだれもやらないでしょう。そのまま放っておくはずです。

というわけで、どうにもやる気が出ないというのであれば、**自分で勝手に制限時間を決めてみる**といいですね。タイムアタックをしてみるわけです。

本当は3週間後までに片づければいいという仕事でも、「2日で終わらせる」と自分なりに決めてしまいましょう。**全力で頑張れば何とかなるかもしれない、くらいの非常に高いハードルを設定する**のがポイントです。

タイムアタックをするとやる気も出ますし、それを達成できたときには清々しい爽快感が得られます。

タイムアタックでやる気を引き出す

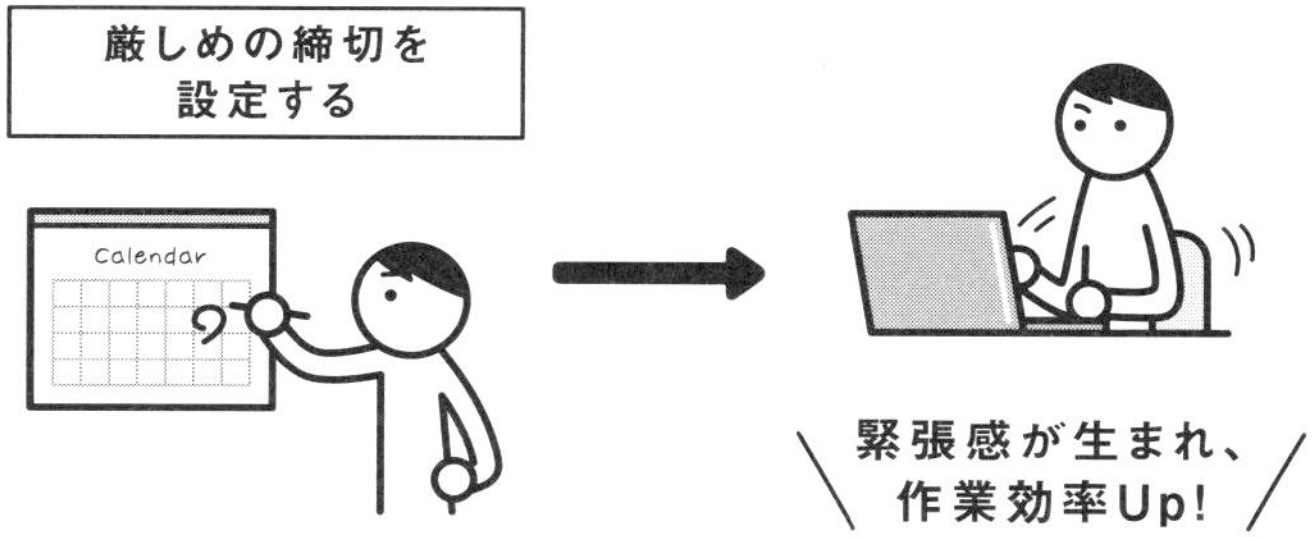
厳しめの締切を設定する
Calendar
緊張感が生まれ、作業効率Up!

また、苦しさを乗り越えることができたということで、自信も高めることができるかもしれません。一石二鳥どころか、一石三鳥、一石四鳥くらいのメリットがあるのです。

米国アラバマ大学のパトリシア・バレットは、最初に数が与えられ（75など）、スピーカーから「3」といった数字が流れたら、頭の中でどんどん足し算をしていくという作業をやらせてみました。

やさしいバージョンでは5秒間隔、難しいバージョンでは2秒間隔で数字が伝えられました。

この作業をしてもらうときの心拍数や血圧を測定してみると、2秒間隔での暗算をしなければならないときに、どちらも高まることがわかりました。

タイムアタックをしなければならないと、私たちは緊張します。心拍数や血圧が上がるのはそのためです。

そういう**緊張状態が自然に生まれるので、作業の能率も上がる**のです。

締切りがないと、私たちの心はひどくのんびりしてしまい、だらけてしまいます。ですので、自分の行動には、どんどん締切りを設けたほうがいいわけです。いい緊張感が生まれますから。

たっぷり1か月はかかりそうな仕事でも、「2週間で何とかならないか？」と考えてみてください。そうやってタイムアタックをしたほうが、仕事は面白くなります。

普段の業務にすっかり慣れてしまい、ルーティン作業で面白くないと感じている人もいるでしょう。そういう人にも、タイムアタックは効果的です。

いつものようにやるのではなく、時間を短縮するゲームなのだと思いながら取り組んでみてください。普段の仕事でもタイムアタックをしてみると、意外に楽しめるものです。

難しい課題に挑戦する

慣れた仕事を淡々とこなすだけでは、面白くありません。すでにクリアしたゲームをやるようなもので、ちっとも気分が盛り上がらないのです。

仕事というものは、難しいほどやりがいがあるのです。

南ミシシッピ大学のリー・ユーバンクスは、**課題の難しさがやる気と緊張を生み出す**ことを実験で確認しています。

実験の参加者は、コンピュータの画面に現れる一連のアルファベットの文字列（Y、G、O、Mなど）を暗記します。

4秒が経過すると、いったん画面が真っ黒になり（1秒間）、それからアルファベットが出ます（Oなど）。

そのアルファベットが先ほど覚えた文字列の中に入っていれば、「イエス」のボタンを、入っていなければ「ノー」のボタンを押すのです。

なお、文字列の記憶は、条件によって1文字のこともあれば、4文字、7文字、10文字、13文字もありました。

覚えるべき文字数が多くなればなるほど、正解するのも厳しくなります。

そのときの血圧と心拍数を調べたところ、4秒間で覚えなければならない文字が増えれば増えるほど、血圧と心拍数も高まることがわかりました。

血圧と心拍数が上がるということは、それだけ身体が活性化しているということです。

課題が難しくなると、私たちの身体は「燃えてくる」ともいえます。やさしいことをしていても、そういう状態にはなりません。

自分が取り組んでいる仕事があまりにやさしすぎると思うのであれば、「もっと厳しい仕事をください」と上司にお願いしてみるのはどうでしょうか。

自分のほうからノルマを上げてほしいという人はめったにおりませんし、上司も喜んで難しい仕事を任せてくれるはずです。やる気も感じられるので、人事考課もよくなるかもしれません。

もちろん、自分で勝手に仕事を難しくしてしまってもいいのです。先ほど紹介したように、自分なりの目標タイムを決めてタイムアタックをするのもいいですね。

私自身は、自分を追い込むのが性格的に好きなこともあって、原稿を書くときには厳しい日数を設定するようにしています。

以前は1冊の本を執筆するのにまるまる3か月はかかりましたが、20年くらいタイムアタックをしつづけた結果、今では2週間で1冊の本を書くことができるようになりました。

やさしい仕事ではなかなか本気になるのも難しいので、**自分の能力ではこなしきれないような、困難な仕事にどんどんチャレンジしてみる**ことです。

COLUMN

部屋のあちこちに鏡を置くと、ダラダラ防止になる？

帝国ホテルには、フロントの裏にもレストランと調理場の入口にも、いたるところに鏡が置かれているそうです。鏡で自分の姿を見ることにより、「よし、仕事をするぞ！」という意識を高めるのでしょう。

私たちは、**鏡で自分の姿を見ると、ピリッとした気持ちになる**のです。

帝国ホテルのスタッフがとても気持ちのいいサービスをしてくれるのも、ひょっとすると鏡のおかげなのかもしれません。

ハクビ総合学院、京都きもの学院などの学長をつとめた酒井美意子さんは、学習院初等科に通う小学生が、いつでも姿勢をピシッとしているのは、校内にたくさんの鏡が置かれているからではと指摘しています（『おしゃれ上手』知的生きかた文庫）。

だいたい小学生というのは、自分のシャツがズボンからはみ出そうが、だらしない

部屋のあちこちに鏡を置くと、ダラダラ防止になる？

服装だろうがそんなに気になりません（私がそうでした）。

けれども、鏡で自分の姿を見ると、ボタンをきちんと留めようと思うでしょうし、服装の乱れを直そうという気持ちになります。

子どもでもそうなのですから、大人はさらに気をつけるようになるはずです。

もし気分がだらけてしまい、やるべきことすらやれずに困っているのなら、部屋のあちこちに鏡を置いておくというのもオススメです。

鏡で自分の姿を映し出せば、「いつまでも寝そべっていちゃダメだな、よし、明日の資料を作らないと」という気分になり、重い腰を上げることができるでしょう。

家事が面倒くさいと思う人でも、洋服を脱ぎ散らかしてしまう人でも、鏡で自分を見ていればそれなりに片づけをするのではないでしょうか。

鏡には、私たちの心をピシッとさせる、まことにありがたい効果があるのです。

オランダにあるラドバウド大学のアプ・ディクステルホイスは、多くのスポーツジムが鏡張りになっているのは、通う人のやる気を高めるためであろうと述べています。人はすぐにサボろうとします。腹筋を50回やろうとしても、20回くらいでやめてしまうのです。ところが、鏡で自分を見ながらトレーニングをすると、自己意識が強化され、そういうサボり心を封じ込めることができるばかりか、「50回じゃなくて、頑張ってあと20回！」という意欲を引き出すこともできます。

なかなか行動できない人が用意すべきは、鏡。

できるだけ大きな鏡を買ってきて、それを部屋に置いておきましょう。

自分が普段よくいる場所に鏡を置いておけば、ダラダラしない人間に生まれ変わることができるでしょう。

第3章

「すぐやる人」が自然にやっている心理テクニック

不機嫌な人を視界に入れない

苦虫をかみつぶしたように不機嫌な表情をしている人は、なるべく見ないようにすることです。

私たちの脳は、自分が見ている人の影響を受けます。悲しい顔をした人を見ていると、なぜか自分も悲しい気持ちになってきますし、笑った人を見ていると、こちらの気分もウキウキしてくるものです。

テレビドラマや映画を観ていると、たとえそれが演技で、実際のお話ではないとわかっていても、登場人物に共感してしまうことはだれにでも経験があるのではないでしょうか。

私たちの脳は、**自分が見ている他人の表情や行動に自然と共感する**ように進化してきたのです。

フランスにあるパリ・サクレー神経科学研究所のブルーノ・ウィッカーは、透明のボトルの蓋を開けて、その匂いを嗅いでいる人のビデオを用意し、それを14名の健康な男性に見てもらいました。

ビデオは、不快な匂いを嗅いだときと、好ましい匂いを嗅いだときと、無臭の匂いを嗅いだときの3種類を用意しておきました。

そして、それぞれのビデオを見ているときの参加者の脳の活動を、磁気共鳴機能画像法（fMRI）で調べました。

すると、不快な香りを嗅いだモデルの表情を見た人は、自分がその匂いを嗅いだわけでもないのに、感情を司る島皮質という領域が活性化することがわかりました。

不快な顔をしている人を見ていると、私たち自身も同じように不快な感情になってしまうということが明らかにされたのです。

不愉快な表情をしている人は、なるべく視界に入れないようにしましょう。

不愉快な顔をしている人を見ていると、こちらまで気分が悪くなってきてエネルギーを失ってしまいますので、愚痴や不満ばかりを口にする人がいるのなら、そういう人にはなるべく近づかないようにするのが賢明です。

逆に、ニコニコしながら、冗談を言って職場の人を笑わせてくれるような人がいるのなら、そういう人に目を向けましょう。**楽しそうな人を見ると、気持ちもポジティブになります。**

もし職場にそういう人がいないというのなら、スマホの中に大笑いしている赤ちゃんの写真や動画などを保存しておき、休憩時間にはそれを見るようにするといいですね。

笑顔の人を見ていると、こちらも気分がノリノリになってくるものです。

笑った顔は、私たちにエネルギーを与えてくれます。そういうものを眺めていると、自分の表情も自然と明るくなってきますし、心身の疲れも吹き飛ばせるものです。

身の回りを整える

私たちの心は、自分が置かれた環境の影響を受けます。

サウナに行って汗を流すと、心の中もサッパリしてくるでしょう。

そういう状態を最近では「ととのう」と表現するらしいのですが、身の回りをきれいにして、きれいに整った環境に身を置くようにすると、サウナに入らずとも「心が整ってくる」ものです。

米国カンザス大学のマーク・ランダウによると、ＩＤカードを机の上の決まった場所にきちんと置き、水のペットボトルもいつも決まった場所に置くなど、整った物理環境を整えると、心が整ってくるとのこと。

目の前の仕事に集中でき、余計な悩みや心配事を考えなくなるのです。

散らかった環境では心も乱れる

乱雑な環境にいると
ネガティブになりやすい

整った環境で集中力Up!

机の上がごちゃごちゃしていて、資料が乱雑に積み上がっているような状況ですと、おそらくは仕事に関係のないことばかりが頭の中に浮かんでくるでしょう。

物理的な環境の秩序が保たれていないと、心理的な秩序も保てなくなるのです。

クリエイティブ・ディレクターの佐藤可士和さんの仕事場は、とても美しく整理されているそうです。整理されているというより、余計なものが一切置かれていないのだそう。

そういう状態だからこそ、目の前の仕事に集中できるのではないでしょうか。

「雑念ばかりが頭に浮かんでしまう……」という悩みを持つ人はけっこう多いのではないかと思

いますが、その原因は、ごちゃごちゃした環境にいるからかもしれません。

机の上には余計なものは一切置いてはいけません。いらない資料やコピーなどは片っ端からゴミ箱に捨ててしまいましょう。いつでもスッキリさせておくのが大切です。自分の家や部屋もそうです。飲みかけのペットボトルやら、脱ぎ散らかした服などが部屋にあふれていたら、心の中も混乱しやすくなり、ネガティブ思考に苛まれる可能性が高くなってしまいます。

仕事の本を読んだり、英語の参考書を読んだりするのもいいですが、片づけコンサルタントの近藤麻理恵さん（こんまりさん）の本もオススメですよ。掃除や整理整頓がうまくできるようになると、心理的にも落ち着いていられるようになります。

たかが整理整頓と馬鹿にしてはいけません。

身の回りはいつでもスッキリさせておきましょう。余計なものを置かないようにするだけで、心も晴れやかになります。

ポジティブ・ネガティブ両方の視点で計画を立てる

よくある自己啓発系の本を読むと、「ポジティブなことだけを頭に思い浮かべるといいですよ」といったアドバイスが載っています。

ポジティブなことを考えることは、自分の気分を盛り上げるためにも必要ですが、「ポジティブ思考だけ」ではいけません。

自分の目標を達成するときに障害になるようなこと、都合の悪いことなどもあわせて考えなければならないのです。ポジティブ思考だけでなく、ネガティブ思考でも考えることが大切です。

心理学では、ポジティブなこととネガティブなことをあわせて考えるようにするテクニックのことを**「メンタル・コントラスティング」**と呼んでいます。

ネガティブなことも含めるのがポイントです。

ドイツにあるハンブルク大学のアンドレアス・カッペスは、心理学の講座を履修している学生に、最終試験について考えてもらいました。

あるグループにはポジティブなこと（良い成績をとれる、両親が喜ぶなど）だけを考えてもらいます。

一方で、別のグループには障害になりそうなこと（テレビを見てしまう、友人からの誘いなど）もあわせて考えてもらい、さらにその障害をどうすれば克服できるのかも考えてもらいました（図書館で勉強する、スマホの電源を切ってしまうなど）。

その結果、ポジティブ思考だけでなく、目標達成の障害になりそうなことも考えてもらった学生のほうが、最終試験で良い点数をとれることがわかりました。

ポジティブなことだけを考えるのは、単なる夢想と変わりません。

現実には、さまざまな障害や妨害があるものであり、そういうこともきちんとあわせて考えておかなければならないのです。

ネガティブな結果も予想し、あらかじめ対処法を決めておく必要があります。

想定される障害と、その対処法をあらかじめ決めておかないと、いざというときに困ったことになってしまいます。

さすがにすべての障害を考えつくすことは難しいと思うのですが、可能性としてありそうなことは、すべて対処法を考えておきましょう。

想定外のことが起きたときにパニックにならないように、ポジティブなことだけでなく、ネガティブな可能性についても考えておくことが大切なのです。

1週間で達成できる目標にする

目標を立てても、その目標を達成するのに何年もかかるようですと、たいていの人は心が折れてしまいます。

そんなに時間的に離れた目標では、やる気が出るわけがありません。

目標を決めるのなら、1週間程度がいいと思います。**1週間頑張れば到達できるくらいのところに目標を設定する**のです。

目標を達成するのに1か月もかかるようなら、まずは大きな目標を下位目標の4つに分け、1週間ごとに達成していくような形にするといいでしょう。

心理学には「目標勾配仮説」というものがあります。

私たちは、**目標が近づいてくると、なぜか力が湧いてきて普段以上の力が出せるよ**

うになるというものです。

旅行者や登山家がそうですね。それまでは力を抑え気味に歩いていても、そろそろゴールが近いと思うと、自然と歩調を早めます。

このように、ゴール間近になって勢いがつくことを「目標勾配仮説」と呼ぶのです。

コロンビア大学のラン・キベッツは、とあるカフェに協力してもらい、10回の利用で1杯無料というスタンプカードをお客さまに配って、どのようにスタンプが押されるのかを確認してみました。

スタンプには日付が入っていたのですが、調べてみると、2回目や3回目より、8回目や9回目のほうが次回の利用までの期間が20％も短くなることがわかりました。

最初は5日おきにカフェにやってきた人も、そろそろゴールとなると、2日おきにお店に来てくれたのです。

人間にはこのような心理があるわけですので、目標を達成するときには、せいぜい1週間に設定するのがポイントです。

“ゴール直前のやる気”を活用する

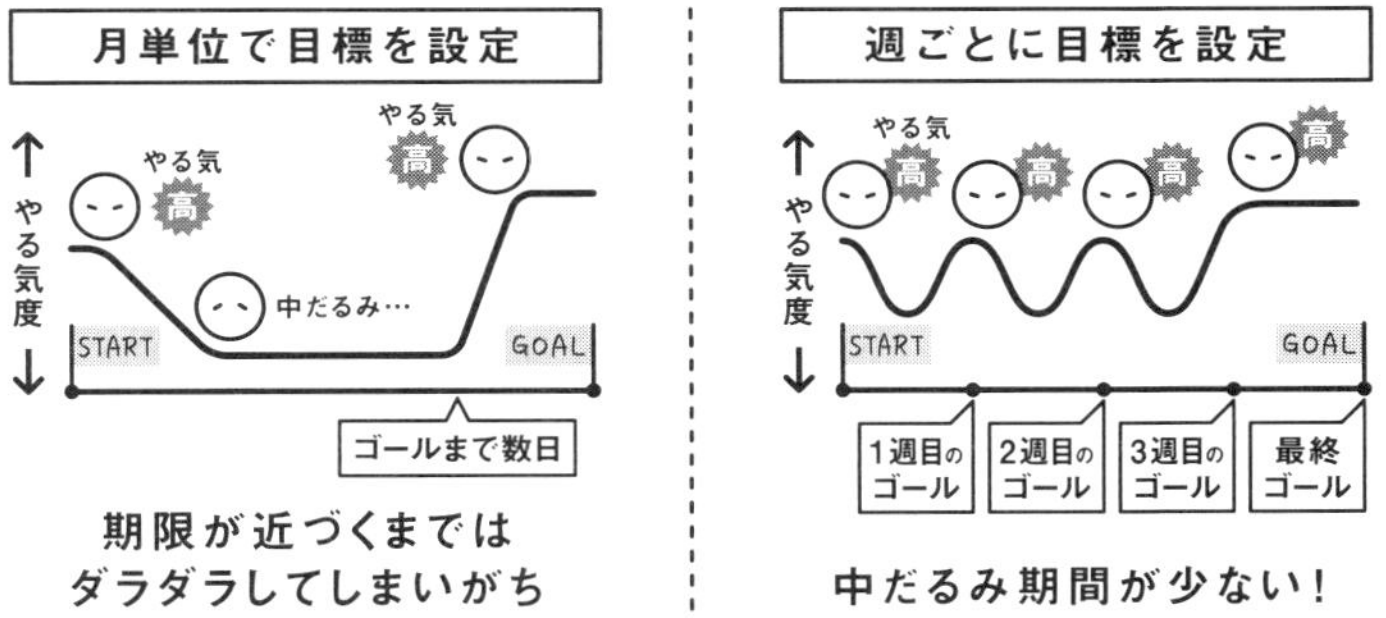

1週間刻みに目標を立てれば、週の後半になると自然にモチベーションが上がります。

これを月単位にしたりすると、前半の20日間はずっとダラダラしていて、月末の数日間しかモチベーションが上がりません。

仕事のスケジューリングをするときには、1週間刻みで目標を立てましょう。

毎週、新しい目標を設定したほうが、月曜日から気持ちも新たにリフレッシュできます。

1週間ごとのスケジューリングを立てるようにすると、月曜日は初日ということもあってモチベーションが自然に上がります。

さらに週の途中には、そろそろ金曜日のゴールの手前ということもあり、またモチベーションの波が上がりますので、非常に効果的なのです。

たまには「自分の限界」を超えてみる

私たちの限界は、自分が思っているよりもずっと先にあります。

自分で限界だと思い込んでいるだけで、実際には限界でも何でもないのです。出そうと思えば、限界以上の力を出せます。

限界など、単なる私たちの思い込みにすぎません。やろうと思えば、いくらでも限界突破できるのだということを覚えておきましょう。

英国ノーザンブリア大学のマーク・ストーンは、9名のサイクリストに、サイクリングマシンに乗ってもらい、4000メートルを全速力でこいでもらいました。

少しだけ休憩をとってから、サイクリングマシンの前にある大きな画面で、先ほど自分が全速力でペダルをこいでいる映像を見ながら、もう一度チャレンジしてもらいました。

ただし、サイクリストのみなさんには内緒で、自分がこいでいるときの映像のスピードを、機械的な操作によりほんのちょっぴり速くしていました（102%）。するとどうでしょう、全速力だと自分が思っていたときより、2度目のほうがタイムが速まったではありませんか。

「さっき自分がやったのと同じ力を出せばいいのだな」と思っていると、実際にはもっと速くこいでいるのに、それに気づくことなくやすやすと限界を超えることができたのです。

何のことはありません。人は全力以上の力も出そうと思えば出せるのです。**もし限界があるのだとしたら、それは自分の勝手な思い込みによってできた限界にすぎません。**

「自分の限界はこれくらい」と思うことをやめましょう。そんな風に思うから、いつのまにか限界が作られてしまうのです。**思い込みをやめれば、自分の能力はいくらでも伸ばせます。**

たとえば、自分の1日の仕事量はこれくらいが限界だと思っていると、そこまでの力しか出せなくなるでしょう。自己暗示によって、そこまでの力しか出せなくなるのです。

仮に限界があるのだとしても、**たまにはその限界を超えるチャレンジをしてみてください。**意外にやすやすと限界突破できるかもしれません。

私たちの筋肉は、普段は限界までの力が出せないようになっています。それ以上の力を出すと、筋肉の繊維を傷めたりしてしまうので、脳がストップをかけるのです。

ところが、限界を超えた筋肉トレーニングをすると、筋肉は一時的に破壊されてしまうわけですが、筋肉は元通りになるどころか、さらに大きく、強くなっていきます。これを超回復と呼びます。

身体の無理は禁物ですが、時には自分の能力の限界だと思っていたところから、一歩踏み出してみる。そうやって限界の壁をどんどん乗り越えていくことが大切です。

赤色の服を着る

闘牛士は、ムレータという赤い布をひらひらさせて牛を興奮させますが、**赤色は、私たち人間も興奮させる色**です。

何もする気が起きないというときには、赤色をしばらく眺めてみてください。そうすると身体が熱くなってきて、行動を起こす意欲を生み出してくれることでしょう。

「そんなに簡単にやる気が出るものなのかな?」と疑問を抱く人もいるかもしれませんが、これは本当の話なのです。

英国にあるダラム大学のラッセル・ヒルは、2004年のアテネ・オリンピックで行われたグレコ・ローマンスタイルのレスリング、フリースタイルのレスリング、テコンドー、ボクシングの全試合の結果を集め、457試合について、赤いウェアを着ていた競技者が青いウェアの競技者に勝ったかどうかを調べてみました。

すると、驚くべきことに、調べた4つの競技すべてで、赤いウェアの競技者が多く試合に勝っていたのです。

赤いウェアを着た選手は明らかに有利になるわけですから、そのうちにオリンピックや国際大会では赤色のウェアが禁止になるかもしれませんね。

赤色を見ていると、「絶対に負けないぞ!」という意欲が生まれますので、ぜひみなさんも試してみてください。

私も、講演会やセミナーに講師として呼ばれるときには、いつでも赤色のネクタイをするようにしています。

赤色のネクタイを締めていると、いい意味で身体が活性化してくれるので、大きい声が出せますし、自信を持って堂々と話すことができるのです。

本当はタレントのカズレーザーさんのように、真っ赤なスーツを着たほうがさらに効果的なのかもしれませんが、それではさすがにやりすぎだと思うので、私の場合はネクタイだけにしています。

赤のネクタイも派手だというのであれば、腕時計ですとか、ペンケースなどでもいいと思います。他人に見られたくないのであれば、下着や靴下でも大丈夫です。

やる気が出ないときのために、赤色の入った服やアクセサリーなども用意しておくといいかもしれません。

ただし、赤色は人を興奮させるだけでなく、「興奮させすぎてしまう」という研究報告もありますので、注意が必要です。

ミズーリ大学のマリー・ニューマンが、警察のスピード違反の記録を1000件以上も分析してみたところ、赤い色の自動車に乗っている運転手ほどスピード違反で捕まりやすかったそうです。

赤い色の車はスタイリッシュでオシャレかもしれませんが、赤色は私たちの気を大きくしたり、興奮させすぎたりしてしまうこともあるので気をつけましょう。

人に親切にする

スーパーやコンビニで買い物をするとき、レジの横に募金箱が置かれていることに気づいたとしましょう。

こんなときには、ぜひ募金をしてみてください。ほんの少しでもかまいません。買い物のときにお釣りをもらうことがあれば、その中からいくらかを募金してみましょう。

募金をすれば、支援してもらえる人も嬉しいでしょうし、自分自身も元気になれるからです。

フィンランドにあるヘルシンキ大学のフランク・マルテラは、オンラインで募集した335名（平均37歳）に、「この2週間以内で、どれくらいチャリティに寄付をしましたか?」と聞く一方で、バイタリティ（「私は元気いっぱい」「私はやる気に満ち

人に親切にすると自分のエネルギーも高まる

あふれている」など）の質問にも答えてもらいました。

その結果、寄付をする人ほど、バイタリティを感じていることがわかったのです。

親切な心とバイタリティには、非常に強い関係性があります。

他の人に良い行いをすることは、幸せを感じるコツでもあるのですが、バイタリティまで高めてくれるのです。

もし困っている人がいたら、「どうしました?」と声をかけましょう。

親切にすると、相手からは「ありがとう」と感謝してもらえますし、感謝の言葉を聞くのは、非常に気持ちのよいものです。

そういう幸せな気分が、私たちのバイタリティを高めてくれるのでしょう。

毎日、楽しそうに仕事をして、キビキビと働いている人は、「親切である」という共通の特徴を持っています。そういう人は、あまりしゃべったことのない人にでも、困っていると見れば気軽に声をかけて、援助を惜しみません。

逆に、だれに対しても不親切な人というのは、いつでもやる気のない顔をしていて、ダラダラと仕事をするものです。

困っている人を見つけたら、親切にするチャンス。

親切にすれば、自分自身のバイタリティを高めることができるのですから、そのチャンスをムダにしてはいけません。他の人が声をかけるよりも先に、自分が援助の手を差し伸べるようにしましょう。

「助けたほうがいいのかな？　どうしようかな？」などと考えてまごまごせずに、ぜひ自分が真っ先に声をかけるようにしてみてください。

「考えすぎる自分」を活用する

ポジティブなことだけでなく、ネガティブなことも考えるメンタル・コントラスティングのテクニックは、ダイエットにも効果的です。

ドイツにあるホーエンハイム大学のローラ・ロイは、ダイエットをしたい人に、まずどれくらいお肉を食べているのかの記録をとってもらってから、実験を開始しました。

メンタル・コントラスティングのグループには、ダイエットをすることでのポジティブな結果（みんなにホメてもらえる、自分のことを好きになれる、など）だけでなく、ダイエットの妨げになりそうなこと（お肉を買いすぎてしまうなど）と、その対策（スーパーに出かけるときには買い物リストを作っていき、余計なものを絶対に買わないなど）についても考えてもらいました。

一方、コントロールのグループには、何も指示を出さず、これまで通りの生活を送ってもらいました。

それから1か月後までのお肉の消費減少量を調べてみると、メンタル・コントラスティングのグループでは、お肉の消費量を大幅に減らすことができていました。

何らかの行動を起こすときには、ネガティブなこともあわせて考えておいたほうがいいのです。

「私は太りやすい体質だから、お肉の制限だけでなく、運動もしないといけない」
「ついついお菓子を食べてしまうので、お菓子は買わないようにしよう」
「だれかと一緒に食事をすると食べ過ぎてしまうから、食事の誘いも断るようにしたほうがいいのかも」
「夜更かしすると何か食べたくなってしまうから、さっさと寝たほうがいいな」

このように、**目標を達成する上で障害になりそうなこともあわせて考えておいたほうがうまくいきます。**

スリムになった自分の姿ばかりをイメージし、ニヤニヤしているだけではダイエットはうまくいきません。現実には、そんなに自分の都合よくはいかないのです。

たしかにポジティブ思考は大切ですが、ネガティブなことも考えておかないと不十分です。ポジティブ思考の本を読むと、どうもこの視点が欠けているように思います。

人間は少しくらいネガティブなほうがいいのです。

ネガティブな人のほうが、目標を達成するときの妨げになりそうなことをたくさん思いつくことができますから。

プラシボ（偽薬）効果を使う

本当はそんな効果などないのに、「これは効く」と思いながら口にすると、本当に薬効が現れることがあります。これを「プラシボ効果」（偽薬効果）といいます。「何だか調子が出ない」というときには、プラシボを試してみるのもいいですね。

たとえば、薬局などで、なるべく価格の高いエナジードリンクを探して飲んでみます。高ければ高いほど、「効きそうだ」という気持ちが強まりますので、プラシボ効果もアップするでしょう。

現役時代のイチロー選手は、試合のたびにユンケルを飲んでいたそうですが、ユンケルを飲むことによってパフォーマンスを高められたのではないかと思います。

別にユンケルでなくともかまいませんので、**自分なりのプラシボを用意しておきま**

しょう。オロナミンCでもリポビタンDでもレッドブルでもモンスターエナジーでも、自分が良いと感じるものを自分のプラシボとするのです。

売られているエナジードリンクには、身体を活性化させるカフェインなどが含まれておりますので、薬効のまったくないプラシボとはちょっと違いますが、**本人が「効く」と思えば思うほど、プラシボ効果も強まります。**

米国トリード大学のアンドリュー・ギアーズは、88名の大学生に、冷たい水と氷の入ったバケツに手を突っ込んで、痛みを我慢させるという実験をしたことがあります。ただし、手を入れる前には2種類のクリームのどちらかを手に塗ってもらいました。

プラシボ条件では、「このクリームはグローブのように手を守って、温かくしてくれます」と伝えました。実際にはそんな効能はなく、ただのハンドクリームです。コントロール条件には、「手が汚れないように」と伝えて同じクリームを塗ってもらいました。

それからバケツに手を入れてもらい、どれくらい「痛み」を感じるのかを聞いてみると、「手を守って温かくするクリーム」だと伝えられたグループのほうが「そんな

モチベーションを上げるスイッチを見つけよう

に痛くない」という回答が多く見られました。

プラシボは非常に効果的だったのです。

「苦しいときの神頼み」という言葉がありますが、苦しいときにはプラシボに頼りましょう。神さまよりも、プラシボのほうがよく効きます。

「私はこれがあれば、一気にテンションが上がる」というものを、1つだけでなく、できればいくつかは持っておくのがオススメです。

私自身はというと、ビタミンのサプリメントがプラシボです。カバンの中にもつねに携帯しています。

身体に疲れを感じたり、やる気が出なかったりするときにも、自分なりのプラシボを用意しておけば安心です。

あえて注意を他のことにそらす

仕事をするときには、目の前の仕事だけに集中しなくてはいけませんよね。集中して取り組むのが基本です。

とはいえ、あまりやりたくもない仕事をするときには、逆のことをしましょう。**目の前のことは片手間にこなし、他のことに注意を向けてしまう**のです。

神経を使う複雑な仕事をするときにはムリかもしれませんが、単調で、退屈な作業をするときはこの方法が有効です。

たとえば、頭を使わず、ただ手を動かしていればいいような仕事をするときには、大好きなアイドルのことを考えたり、おいしい食べ物を頭に思い浮かべたり、窓からぼんやり外を眺めたりするのです。

会社の周りのゴミ拾いや、自宅の庭の雑草とりをしなければならないときなど、**た**

いして面白くもない作業をするときには、何か楽しいことを考えながらやるのです。そうすれば時間が経つのも早いですし、気づくと「あれっ、もう終わっちゃった」と嬉しい結果になります。

注意を他のところにそらせるテクニックを、心理学では「ディストラクション」と呼びます。日本語にすると「注意拡散」です。

注意を拡散させたほうが、辛いことでもけっこう耐えられるようになります。

オランダにあるマーストリヒト大学のヒューゴ・アルバーツは、80名の大学生に1・5キロの重りを持たせ、お腹と腕が90度になるように腕を水平に上げて、できるだけ長い時間我慢させるという実験をしてみました。90度からズレて腕が下がったらストップです。

1回目のチャレンジが終わったところで、アルバーツは条件を2つに分けました。

1つは、疲れた自分の筋肉に意識を向けさせるグループ。「今、腕の筋肉がどんな感じになっていますか?」と質問し、疲労に目を向けさせたのです。

やりたくないことをするときは他のことを考える

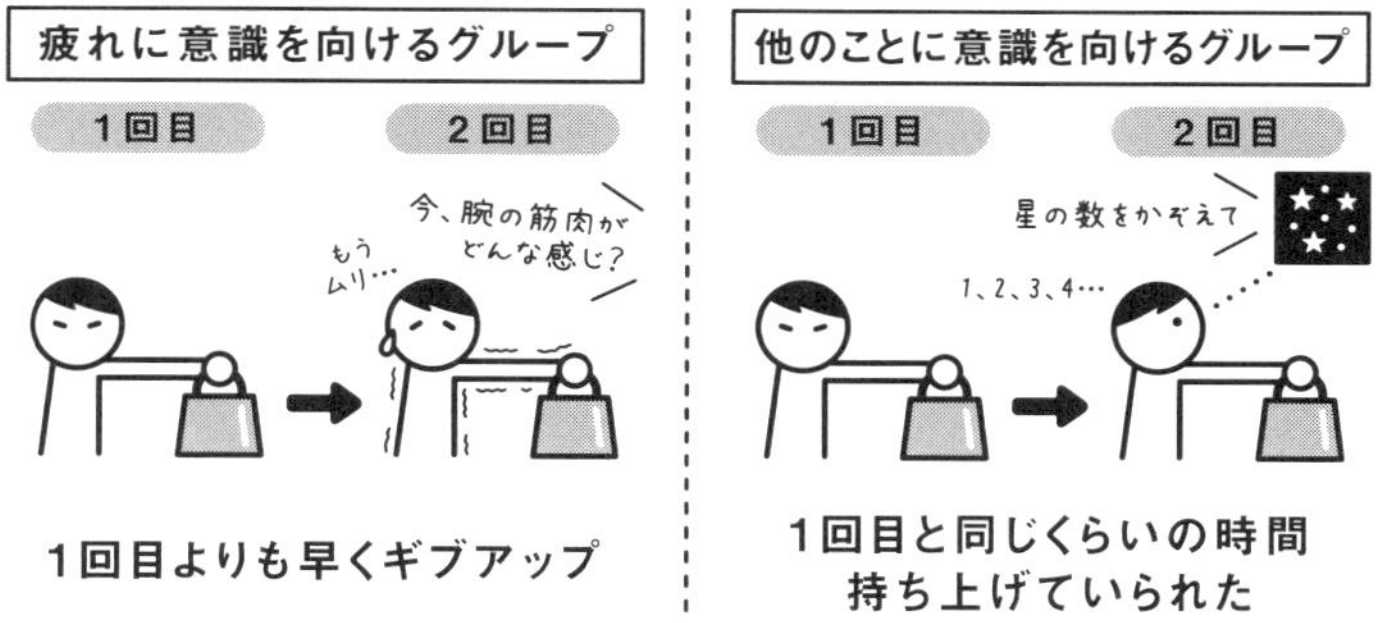
疲れに意識を向けるグループ
1回目
2回目
もうムリ…
今、腕の筋肉がどんな感じ？
1回目よりも早くギブアップ
他のことに意識を向けるグループ
1回目
2回目
星の数をかぞえて
1、2、3、4…
1回目と同じくらいの時間持ち上げていられた

別のグループでは、注意を他のところに向けさせるため、夜空のようなイラストを見せて、星の数がいくつあるのかを数えてもらいました。

それからまた同じ重りを水平に持ち上げ、先ほどと同じようにできるだけ長い間腕を上げてもらいました。

すると、自分の筋肉の状態に意識を向けたグループでは１回目：１０４秒、２回目：77秒だったのに対し、星の数を数えた（注意拡散をした）グループでは、１回目：１２５秒、２回目：１１９秒という結果になりました。

疲れに意識を向けると、２回目のチャレンジではそんなに長く重りを持てずに、早々にギブアップしてしまっていることがわかります。

ところが、星の数を数えさせて注意を他のところに向けていたグループでは、1回目とほとんど同じくらい頑張ることができました。

退屈であるとか、やりたくない仕事をするときには、通行人を数えてみたり、息を止めて腕時計でどれくらい我慢できるのかを試してみたり、他のことに目を向けるといいですよ。そのほうが苦しさをあまり感じずにすみます。

COLUMN

音楽でモチベーションを上げる

オリンピックや国際大会の中継を見ていると、アスリートたちが試合前に音楽を聴いている姿が映されることがあります。

自分の好きな音楽でテンションを上げようとしているわけですが、この方法は、プロだけでなく私たちがやってもかまわないはずです。効果がありそうなことは、どんどん真似をさせてもらいましょう。

モチベーションアップに、音楽はとても効果的です。

そういうデータがわかる実験をご紹介しましょう。

イギリスにあるキングストン大学のレイチェル・ハレットは、スポーツジムや公園でジョギングをしている人にお願いし、6か月の実験に参加してもらいました。

何をするのかというと、実験群には運動をする前に自分のテンションの上がる曲を

音楽で運動のやる気を引き出す

聴いてもらうようにし、コントロール群にはそういうお願いをしませんでした。

なお、実験群の参加者が聴く音楽は、自分の好きな曲を選んでいいことになっていました。

参加者には、週当たりの運動時間の記録をとってもらっていたのですが、それを調べると、音楽を聴く実験群では２８２・02分。比較のためのコントロール群はというと、２２０・31分でした。

自分の好きな音楽を聴いた人たちは、よりたくさん運動したことになります。

また、週当たりの運動をした日数も調べてみると、実験群では４・76日、コントロール群では3・57日という結果になりました。

音楽には不思議な力があり、人を悲しい気持ちにさせることも、嬉しい気持ちにさせることもできます。

さらにはモチベーションアップの効果もあるのです。

音楽を聴きながら勉強したり、仕事をしたりするのに反対という人もいるでしょう。かえって集中できなくなるというのであれば、音楽を聴かなくともかまいません。どんな音楽がいいのかというと、これも個人の好みによります。陽気で明るく、ポップな曲を聴くとテンションが上がる人はそういう曲を聴けばいいですし、しっとりとしたバラードの曲のほうが落ち着いてきてやる気が出るというのなら、それでもいいでしょう。

自分のお気に入りの曲リストを作っておくのもオススメです。通勤時などにそれを聴けば、出社すると同時にバリバリ仕事をこなせるようになるかもしれません。

第4章

ネガティブ思考を簡単に吹き飛ばす心理術

「儀式」で気分転換

日本ではいったいどれくらいの人がうつ病になるのでしょうか。

ＯＥＣＤのメンタルヘルスによる国際調査（２０２０年）によりますと、日本国内でうつ病・うつ状態になる人の割合は17・３％。だいたい５人に１人くらいの割合です。

だれにでも気分が落ち込んでうつになってしまう可能性があるわけですから、あらかじめ対処法を考えておく必要があります。

そのための方法は、**あらかじめモヤモヤした気分を吹き飛ばす自分なりの「儀式」を決めておく**こと。

「私は、〇〇の儀式をすれば、心の中がきれいサッパリ晴れ渡る」というものを見つけましょう。そうすれば、気分が落ち込みそうになるたび、その儀式を行うことで

モヤモヤを吹き飛ばす「儀式」
手紙を書く
好きな音楽を聴く
髪を切る
自分のイメージを変える

心もスッキリさせることができます。

ハーバード・ビジネス・スクールのマイケル・ノートンは、悲しい出来事を経験したばかりの247名の成人（平均32・6歳）を対象に、儀式をすることで悲しみを吹き飛ばせるかどうかを検証してみました。

調べてみると、「儀式をした」というグループのほうが、「儀式をしなかった」というグループより、悲しみの度合いを大きく減らすことができることがわかりました。

では、どんな儀式がいいのかというと、正解はありません。儀式は何でもかまわないのです。

だれかに手紙を書く、好きな曲を何度も聴く、髪の毛を切る、服装のイメージチェンジをするなど、「これをすれば自分はスッキリする」というものを自分の儀式としてください。

儀式を行うときの注意点をあげれば、その頻度です。

ネガティブな気分を溜め込むだけ溜め込み、それを一気に儀式でゼロにしようとするよりは、むしろ**ほんの少しでも気落ちするように感じたら、さっさと儀式を行う**のです。いつでも心の中はサッパリしておいたほうがいいに決まっていますからね。

美容院で髪を切ってもらうとサッパリするというのであれば、一度にカットしてもらうよりは、ほんの数ミリ程度カットしてもらうようにするといいでしょう。そうすれば、何度も髪を切ることができます。

爪切りをすると心が落ち着くというのであれば、ほんのちょっぴり爪切りをしましょう。たくさん切ってしまうと、爪切りができなくなってしまいます。

儀式はどんなものでもいいので、ひとつふたつ、自分なりに気分転換の方法を見つけておくといいですよ。

良い嫉妬と悪い嫉妬

ドイツにあるケルン大学のジェンス・ランゲによりますと、嫉妬には良い嫉妬と悪い嫉妬があるそうです。

良い嫉妬というのは、自分より高みにいる人に追いつこうというモチベーションにつながる嫉妬で、悪い嫉妬は、逆に高みにいる人を自分のいるレベルにまで引きずりおろそうというモチベーションにつながる嫉妬だとのことです。

嫉妬という感情は、ネガティブなものと思われがちですが、良い嫉妬ならいくら感じてもかまいません。

「いいなあ、私も先輩のようにならなきゃ！」

「羨ましいなあ、僕もあの人のようになりたい！」

「私もいつかは憧れの○○さんに追いつくぞ！」

「憧れの人」に「良い嫉妬」をしよう

そういう嫉妬心を持つことが大切です。**高みにいる人に自分が追いついていこう、という方向に嫉妬の力を使う**のです。

ランゲは、ハーフマラソンの大会の出場選手208名、フルマラソンに出場している162名を対象に、自分のライバルに対して良い嫉妬をするかどうかを聞く一方で、各選手の大会における平均スピード（km/h）と最終的なタイムを調べました。

その結果、良い嫉妬をしている選手ほど、スピードもタイムも良くなることがわかったそうです。

良い嫉妬をするコツは、自分にとっては雲の上の存在のような人を嫉妬の対象に選ぶことです。

自分と実力が伯仲しているような人ですと、「負けたくない」という気持ちのほうがどうしても強くなってしまって、悪い嫉妬になりがちだからです。

雲の上の存在であれば、そもそも張り合おうという気持ちになりません。**どうせ勝てるわけがないので、憧れの気持ちのほうが強くなり、良いモチベーションを高めてくれるはずです。**

「あの人を目指して自分も頑張ろう」という気持ちになるのかどうかを確認してみましょう。もしそういう気持ちになれるのでしたら、それは良い嫉妬ですので、どんどん嫉妬してかまいません。自分よりも数段上の人を目指すのがいいですね。

嫉妬の対象を決めたら、後はその相手を徹底的に真似てみることです。

髪型もその人に似せましょう。服装も似せてください。話し方や、その人の振る舞い方、趣味などもどんどん真似しましょう。

野球をやっている少年は、自分の好きなプロ野球選手のバッティングフォームを真似たりするものですが、そういう真似はどんどんやったほうがいいのです。

自分より優秀な人と張り合う

お相撲さんは、自分の部屋の力士とばかり練習していてもトレーニングにならないので、他の部屋の力士のところに出かけていくことがあります。「出稽古」ですね。元横綱の千代の富士が、出稽古で強くなったという話は有名です。あちこちに出稽古に出かけるので「さすらいのウルフ」とも呼ばれました。

千代の富士は力士としては小柄だったので、巨漢の小錦のいる高砂部屋にはしょっちゅう出稽古に出かけていたそうです。

自分よりも弱い力士とばかり勝負していても、強くはなれません。実力が上の相手に胸を借りるからこそ、強くなれるのです。

トルコにあるイスタンブール・シェヒル大学のサミ・アブハムダーは、オンラインチェスに参加している、平均28年のチェス経験のある87名の男性（平均42・1歳）に、

2週間分の記録をとってもらいました。2週間で、1人平均16・4回の勝負をしたのですが、勝負をするたびに、面白かったかどうかを聞いたのです。

各参加者の腕前は、国際チェス連盟でも採用されているシステムで測定され、毎回の対戦で相対的な得点も出しました。たとえば自分の腕前のレーティングが1500で、対戦相手が1750だと、「－250」のような得点になります。

その結果、対戦相手が自分と同じか、あるいは上のときに、勝負の後で「面白かった」という答えが多く見られました。自分より弱い人とやっても面白くなかったのです。

仕事も、できるだけ自分より優秀な人と張り合うようにしてください。

格上ですから勝てる見込みはあまり高くないでしょうが、それでもいいのです。相手の胸を借りて、どんどん勝負しましょう。そのほうが実力を伸ばすことができます。勝てなくとも、いろいろなことを学ぶことができます。

最近、日本人のアスリートたちは海外に出ることが多くなりました。

日本国内だけで練習していても、うまくはなれません。

サッカー選手にしろ、野球選手にしろ、ゴルフ選手にしろ、拠点が海外という人は珍しくありません。

自分よりも実力が上の選手たちが集まるところで練習していたほうが、自分の実力を高めることができるからでしょう。これも立派な出稽古ですし、良い傾向だと思います。

「井の中の蛙」になってはいけません。

もし自分の職場に自分よりも優秀な人がいないのであれば、お相撲さんの出稽古のように、**ライバル社の人と張り合ったりする**のもいいのではないでしょうか。

先回りしてやっておく

私たちには天邪鬼なところがあって、**だれかに何かをするように指図されると、かえって言われたことをやりたくなくなる**ことが少なくありません。

親から、「早くお風呂に入っちゃいなさい」と言われるとカチンときてお風呂に入りたくなくなりますし、「勉強しなさい」と言われると、漫画を読みたくなるものです。

職場でもそうで、上司に何かを命じられると、私たちはそれをしたくなくなることが多いのではないかと思われます。

というわけで、フットワーク軽く仕事に取り組みたいのなら、**だれかに命じられてしぶしぶやるのではなく、「言われる前」に自分でやってしまう**といいでしょう。

命じられて動くのは癪に障りますので、自発的にやってしまうのです。そのほうが楽しく作業ができるかもしれません。

自発的に取り組む方が成果も上がる

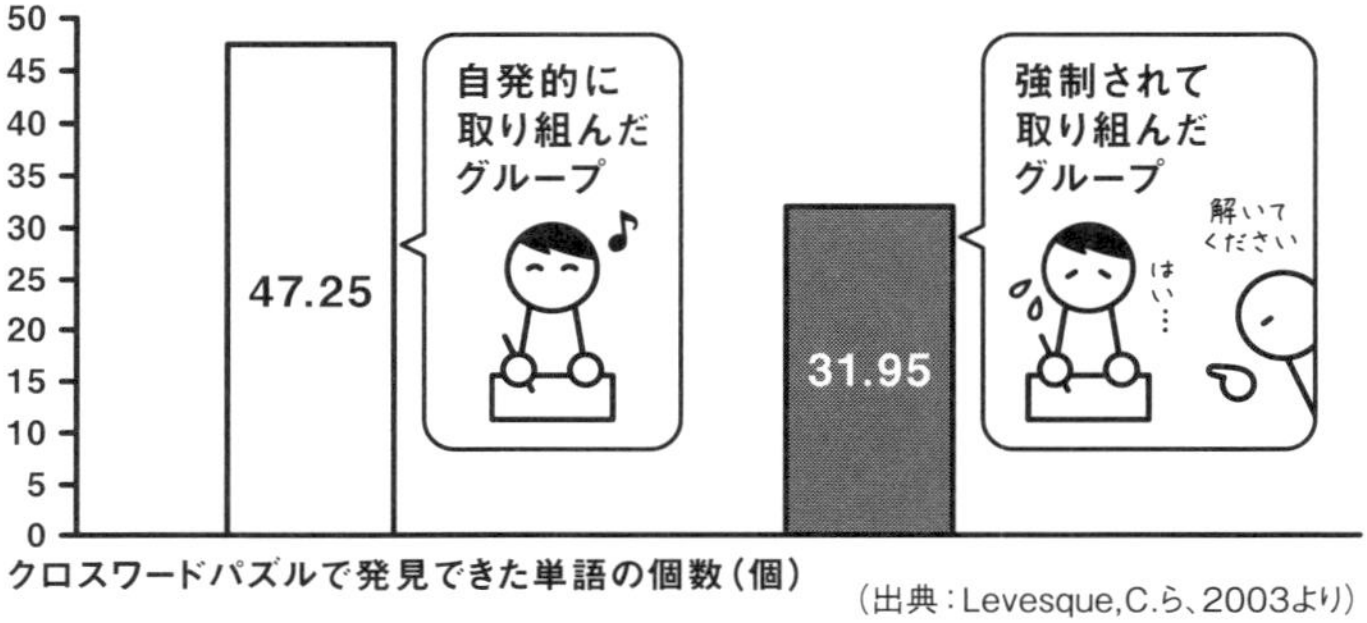

（出典：Levesque,C.ら、2003より）

南ミズーリ州立大学のチャンテル・レベスクは、相手に強制、あるいは要求されてから動くのではなく、自発的に動いたほうが作業は面白くなるという研究報告をしています。

レベスクは参加者に自発的に、あるいは強制して15分間のクロスワードパズルをやらせてみました。その結果は上のようになりました。

どんなに面白い作業でも、だれかに強制されたとたんに、つまらなくなります。不思議なくらい、やる気が失せてしまうのです。

仕事でも、上司に何かを命じられるよりも先に、自分でやってしまいましょう。

「おい、○○。倉庫の段ボールを片づけておいてくれ」

「はい、もうやっておきました」

「おっ、そうか、すまんな、ありがとう」


こんな感じで、先を読んで行動してしまうのです。

上司に命じられてから、「なんで俺が片づけなんて……」とぶつぶつ文句を言いながら作業をするより、「どうせそのうちにやらされるのなら、言われる前に終わらせておくか」と考えて、自発的にやってしまったほうが心にモヤモヤが溜まりません。

面倒くさいことほど、先を読んでさっさと終わらせてしまいましょう。


「どうせ資料を集めるように言われるだろうから、前もって調べておこう」

「プレゼンを頼まれそうだから、パワーポイントで簡単な企画書を作っておくか」

などと、上司に命じられる前に、自分に与えられそうな仕事はどんどんやってしまったほうが、気が重くならずにすみます。

恋愛をする

ピカソは、その生涯で1万3500点の絵画、10万点の版画作品、3万4000点の本の挿絵、300点の彫刻と陶器作品などを作ったといわれています。驚くほどの作品数です。

では、どうしてピカソはそれほどバイタリティにあふれていたのでしょうか。

その理由のひとつとされているのは、恋愛。

ピカソには名前がわかっているだけでも、その生涯で10人の愛人がいたそうです。何歳になっても恋愛をしていたからこそ、あれほどの作品を残せたのではないでしょうか。

恋をすると、世界がバラ色に見えてきます。心身も活性化して、肌のツヤもよくなります。心がウキウキしているせいで、普通に歩いているつもりでも、ついついスキップになってしまうものです。

恋をすると、私たちの脳の「報酬系」と呼ばれる領域が活性化します。

恋人ができたばかりの人は、友人や同僚たちから「よかったね」と言われて頭や肩を叩かれても、痛くも痒くもありません。幸せホルモンが出ているので、本当に痛くないのです。

スタンフォード大学のジャレッド・ヤンガーは、9か月以内に恋人ができたばかりのカップルにお願いし、自分の彼氏（または彼女）の写真を見ながら、左手に熱を与えてどれくらい痛みを感じるのかを調べてみました。

熱の温度は40℃からスタートし、1℃ずつ上げていくのですが、自分の恋人の写真を眺めていると、温度を上げても「そんなに痛くない」と答えることがわかりました。

恋をしていると幸せな気分になりますので、少しくらい辛いことがあってもニコニコとしていられます。

上司に叱られようが、お客さまに怒鳴られようが、残業がつづいても大丈夫。何しろ、自分には恋人がいるのですから。恋人のことを考えていれば、どんなに辛い状況でもへっちゃらです。

最近は、「草食系」と呼ばれる人が増え、若い人でも恋愛に興味を示さない人が増えているという話も聞きますが、これはあまり良くない傾向です。

ピカソを見習って、何歳になっても恋愛感情は失わないようにしたいものです。

ちなみにピカソは80歳のときに最後の愛人ジャクリーヌと結婚しています。何歳になっても精力的に活動できる人は、さすがに違いますね。

なお、別に恋人を作らなくとも、自分なりの「推し」を決めて、疑似的な恋愛をすることでも同じような効果が得られます。

いくつになっても恋愛感情を忘れないようにすることが大切なのです。

スリムな体型になる

頭の中に悩みごとがあふれて、仕事が手につかない人がいます。

「もう、ネガティブ思考なんてやめよう」とは思うものの、5分も経つと、またネガティブなことばかりが頭に浮かび、どうにもならないのです。

どうしてこんなにネガティブ思考になってしまうのでしょうか。

可能性のひとつに「太りすぎ」があります。なぜか肥満者は、ネガティブなことばかりを考えやすいのです。


米国リチャード・ストックトン大学のデビッド・レスターが70名の肥満者に調査をお願いしたところ、彼らの32%がひどい抑うつに悩んでおり、23%が自殺を考えたことがあるという結果を得ました。

太っていると、ネガティブ思考に陥りやすいのです。

肥満もやる気を奪う原因

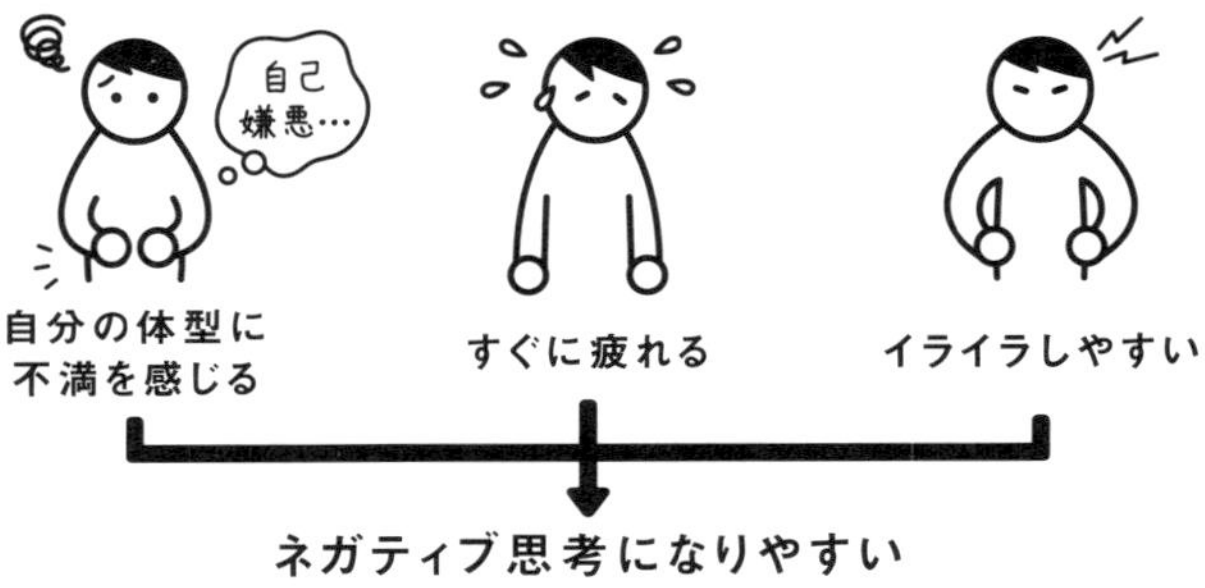

ワシントン大学のクーシャン・パテルも同じような報告を行っています。65歳以上の7601名を調査し、「ここ1か月で不快な痛みを感じましたか?」と聞いてみると、痛みを感じやすいのは肥満者が多かったのです。また抑うつになるのも、肥満者が多いとも明らかにされました。

そういう原因がわかれば、対処法も見えてきます。そう、ダイエットをすればいいのです。ダイエットをし、スリムな体型になれば、ネガティブ思考も起きにくくなりますし、悶々と悩むことも少なくなるのではないかと思われます。

肥満ぎみな人は、自分の体型が気に入らないことが多く、自己嫌悪感も強まります。

また、身体を動かすのも億劫ですし、疲れやすいのでイライラしてしまいます。

その点、スリムになると自分の体型も気に入り、自己嫌悪に陥りにくくなります。

身体も軽くなるので、階段を使っても疲れません。**身体の疲労が少なくなるので、ストレスなどの精神的な疲労も感じにくくなります。**


では、どうすればダイエットできるのかというと、**オススメはウォーキングです。**

スポーツジムやスイミングスクールに通ってもいいのですが、お金がかかります。

その点、自分が好きな場所を歩き回るだけなら、お金はかかりません。ウォーキング用のシューズくらいは買ってもいいと思いますが。

毎日1万歩を目安に、トコトコと歩き回りましょう。外の空気を吸いながらウォーキングするのは、いい気分転換になりますし、自然にカロリーを消費してスリムにもなっていきます。

食事制限などせず、今まで通りの食事をしていても、少しずつスリムになれますので、ネガティブ思考に悩まされている人ほど、ぜひ試してみてください。

自然にまかせる

秋から冬にかけて、どうにもやる気が出ないと感じてしまうことはないでしょうか。これは、「季節性感情障害」（ＳＡＤ）と呼ばれているもので、冬になるとうつ病と同じような症状が出てしまうのです。

カナダにあるヨーク大学のキャロリン・デイビスによりますと、季節性感情障害は遺伝子的にプログラムされている可能性があるとのことです。

現代では、どんな季節でも食料が乏しくなることはありませんが、長い歴史において、人類はずっと飢えと戦わなければなりませんでした。

冬はどうしても食料が乏しくなる季節で、飢えないようにするには、できるだけ身体を動かさず、エネルギーを保存するようにしなければなりませんでした。そうしている人ほど、生き延びる可能性が高かったのです。

むやみに動いている人は、みんな死んでしまい、そういう人の遺伝子は後世に引き継がれることはありませんでした。

今の私たちには、冬に身体を動かさず、余計なエネルギーをできるだけ使わないようにした祖先の遺伝子が受け継がれています。だから季節性感情障害も起きるのです。

これはキャロリン・デイビスの説ですが、非常に説得力があります。

クマなどの動物も、冬には冬眠して体を動かさなくなりますよね。それが生き延びる方法だからです。

人間は冬眠はしませんが、家の中でじっとしていることでカロリーの消費をできるだけ抑制し、食料が乏しい冬を乗り切るようになったのでしょう。

私たちの遺伝子が、「余計な活動はするな!」と私たちにブレーキをかけるのです。

ですから、**秋から冬になってやる気が出ないのは、人間にとって生き延びるための適応的な反応**なのであり、これはどうにもなりません。

暑いときには、身体中から汗が出て、身体を冷やそうとする自然な生理反応が起きてしまうのと同じように、冬にはカロリーを消費しないために、元気いっぱいに動き回ることのないよう、私たちはうつっぽくなるのです。

どうにもならないことは、どんなに自分の意志で克服しようとしても、どうにもなりません。

こんなときには、**ムリに元気を出そうとしなくていいので、自然な流れにまかせましょう。**春になれば、またやる気が出てきますから、それをのんびり待ちましょう。

スポーツ選手が、不調になってスランプに落ち込むことがあります。どんな選手にでもスランプはあります。

こういうときに慌ててフォームを改善しようとしたり、練習量を2倍に増やそうとしたりすると、かえってスランプが長引いてしまうそうです。

スランプになったら、もうどうしようもないと割り切って放っておいたほうが、気づいたときにはスランプから抜け出していることもあります。

冬には、人間ならだれでも多少は元気が出ませんが、だからといって慌ててはいけません。そのうち自然に治りますので、それを待ちましょう。

自分の調子の波に合わせて行動する

私たちは季節によって（特に冬）、元気が出たり出なかったりするときがあるという話をしました。

同じように、**1日の時間帯によってもやはり同じように元気が出たり出なかったりするもの**です。これはだれにでも備わった自然な生理反応によるものです。

人間はロボットではありませんから、朝起きてから夜寝るまで、ずっと同じ調子で動き続けるというわけにはいかないのです。

私たちの調子は1日の中でも、波のように上がったり、下がったりしながら変化します。

これを専門的には「サーカディアンリズム」と呼びます。

サーカディアンリズム

メキシコにあるヌエボ・リオン自治大学のパブロ・バルデスは、サーカディアンリズムと人間の集中力についての論文を総合的に分析しています。

その結果、個人差はあるものの、寝ているときが最低で、朝起きてからお昼にかけて少しずつ上昇し、午後から夕方にピークを迎え、そこから徐々に下がっていくという傾向を見出しました。

「朝はだるくてやる気にならない」
「午前中はなぜかダラダラしてしまう」
「朝イチの仕事は気分が乗らない」

そんな風に悩んでいる人がいるかもしれませんが、それはだれにとってもそうなのです。

「どうしても頑張れない時間帯」というものが

人間にはあるので、これはもうどうにもなりません。

多くの人にとって、絶好調の波がくるのは午後。

したがって、本気で取り組まなければならない仕事は、午後1時から3時くらいまでにやるようなスケジューリングを組みましょう。調子が最高潮になれば、困難な仕事でもリズムに乗ってこなすことができますから。

午前中には、そんなに頑張らなくともこなせそうなルーティンワーク、そんなに頭を使わなくとも片づけられそうな仕事をやりましょう。それをこなしているうちに、心身もウォームアップされてくるでしょう。

最高に困難な仕事は、自分の絶好調のタイミングにぶつけるのが得策です。

仕事のスケジューリングを、自分の調子の波にうまく一致させるのがポイントです。

トリンプ・インターナショナル・ジャパン株式会社には、午後12時半から午後2時半までは「がんばるタイム」というものがあるそうです。

この時間帯には、おしゃべり、コピー、電話、部下からの相談、上司からの指示も原則禁止。自分の仕事にだけ集中しろということですね。

午後12時半から午後2時半の2時間は、パブロ・バルデスの研究で明らかにされている、多くの人にとって集中力のピークがくる時間帯なので、とても良いアイデアだと思います。

もちろん、サーカディアンリズムには個人差がありますので、自分のピークがどこにあるのかを知っておかなければなりません。

そして、そういうピークのときには、余計なことをせずに、目の前の仕事に集中することです。

同じ調子でずっと仕事をするのではなく、手を抜いて片手間でやっても大丈夫なときと、集中すべきタイミングをきちんと見極めておきましょう。

COLUMN

部屋の明るさが気分を左右する

「希望の光を見出す」や「光明を見出す」という言い回しがありますが、私たちは光のあるところ、つまり**明るい環境にいると、心理的にも明るい気持ちになれる**ことが確認されています。

気分が落ち込んでいるときには、とりあえず部屋の照明のレベルをマックスに上げましょう。薄暗い部屋に一人でいると、ますます気分が落ち込んでしまいますから。

トロント大学のピン・ドンは、天井の照明を19個すべてつけた明るい部屋と、同じ広さで天井の照明が4つしかついていない薄暗い部屋を用意し、それぞれの部屋に大学4年生を招き、「あなたが望んでいる企業に就職できる見込みはどれくらいだと思いますか？」と質問してみました。

確実に就職できると思うのなら9点を、ほとんど見込みがないと思うのなら1点で

部屋を明るくすると心も明るくなる

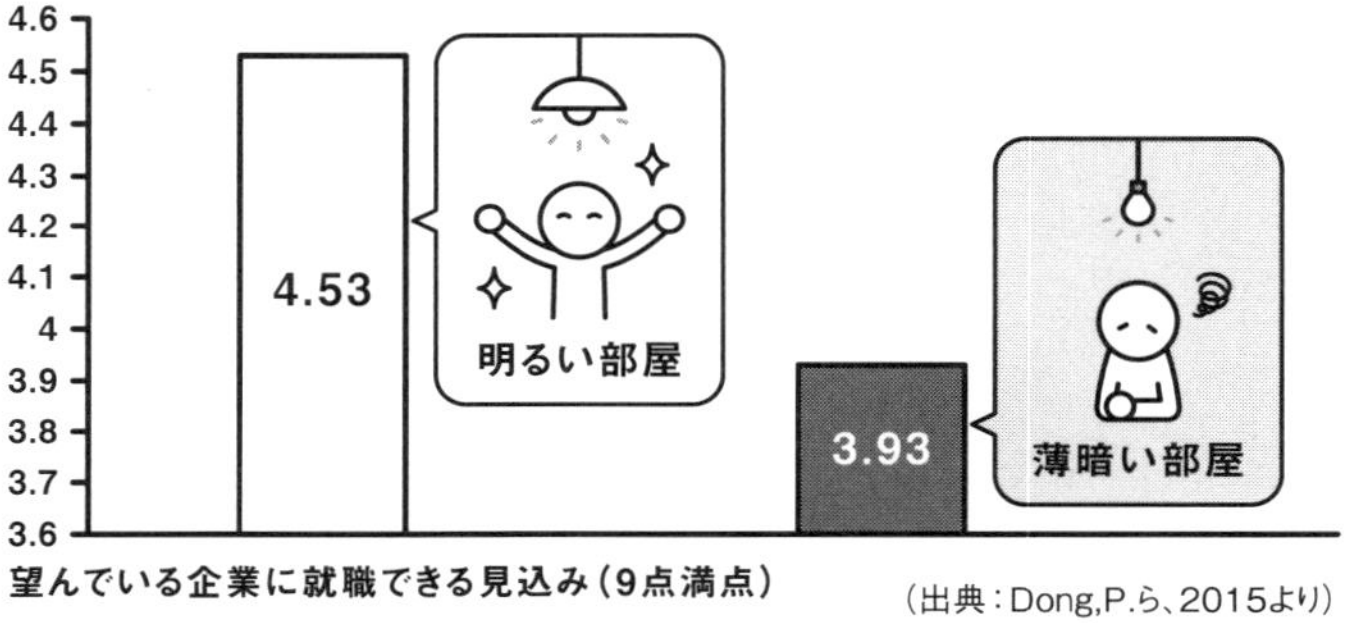

（出典：Dong,P.ら、2015より）

点数をつけてもらったところ、上のグラフのような結果が得られたそうです。

部屋を明るくすれば、次第に心も明るくなってくるでしょう。こんなにお手軽な方法はありません。部屋の照明を暗くしていると、何となく気分も暗くなってしまいます。

普段、ネガティブ思考に悩んでいる人は、ひょっとすると部屋の照明が原因かもしれません。

エコ意識は大切ですし、節電も大切なことだとは思いますが、それで気分が滅入ってしまうのでは、心理的に健康になれません。

明るい部屋にいると、少しは陽気な気分になれますので、ぜひ試してみてください。

第 5 章

なぜか
やる気が出ない
ときの対処法

「緑」を眺めてエネルギーを回復

あまりやる気にならないのは、単純に疲れているからという可能性があります。疲れていたら、やる気が出ないのも当たり前です。

仕事をしていて集中力が切れてきたら、しばらく窓の外の緑でも眺めてみましょう。部屋に植物があるのなら、そちらでもかまいません。

草花をしばらく眺めていると、集中力が回復するという実験結果があるのです。しかも、たった40秒で。そんなに時間もかからない、非常に良い息抜きです。

オーストラリアにあるメルボルン大学のケイト・リーは、実験の参加者に、コンピュータの画面上に数字が出たら、その数字と同じキーを押すという作業をしてもらいました。画面に「1」と出たら「1」のキーを押すのです。

まずはこの退屈な作業で疲れさせ、集中力を奪いました。

参加者が十分に疲れたところで条件を2つに分け、片方にはコンクリートの屋上の画像を、もう片方には同じ屋上なのですが、花と緑がいっぱい植えられているものを40秒見せてみました。

それから「どれくらい回復したと思いますか?」と回復の自己評定をしてもらうと、緑を見せたグループほど、「回復した」と答えたのです。

疲れているときには、緑に目を向けましょう。

ガーデンセンターなどで小さな観葉植物などを買ってきて、机の上に飾っておくのもいいでしょうし、窓の外に自然がいっぱいあるのであれば、そちらに目を向けてぼんやり見つめてもいいでしょう。

窓から見える風景が隣の建物であるとか、そもそも窓の外が見られないような位置に自分の机があるというのなら、本物の自然ではなく、自然の画像でも大丈夫です。インターネットで「花と植物がいっぱいの写真」といったキーワードで検索すれば、いくらでも素晴らしい画像を見つけることができます。

あるいは、ガーデニングの本を買ってきて、手元に置いておくのもいいですね。カラー写真がふんだんに使われているような本がオススメです。コンパクトなサイズの本であればそんなに場所もとりませんし、疲れたときにすぐ開くことができます。

自然に癒しの効果があることは、いくつもの研究で明らかにされています。

米国デラウェア大学のロジャー・アルリッチは、胆のう切除手術を受けた患者の記録約10年分を調べてみました。何を調べたのかというと、術後の病室についてです。窓から外の自然が見える病室に入れられた患者と、レンガしか見えない病室に入れられた患者では、手術後の鎮痛剤の処方に差が出たのです。自然が見える病室の患者は、そんなに鎮痛剤を求めませんでしたが、レンガしか見えない病室の患者は、痛がって強い鎮痛剤を求めたのです。

このことからもわかるように、自然にはいろいろとポジティブな効果がありますから、疲れたら自然を眺める時間をつくってみてはいかがでしょうか。

選択肢を減らす

私たちは、いくつかの選択肢から自分の好きなものを選びたいという欲求がある一方で、いちいち選ばなければならないのは煩わしい、というまったく反対の欲求も持っています。

選択肢が多くなると、選ぶことへのモチベーションも下がります。

これを「選択過負荷仮説」と呼びます。

スイスにあるバーゼル大学のベンジャミン・シェイベーンは、選択肢の多さとモチベーションの強さの関係を調べた50本の論文をメタ分析（個々の論文を1つのデータとみなし、総合的な結論を出す統計手法）してみました。

その結果、たしかに選択肢が多くなるほど、モチベーションが下がってしまうことがわかったのです。

選択肢が多すぎるとモチベーションが下がる

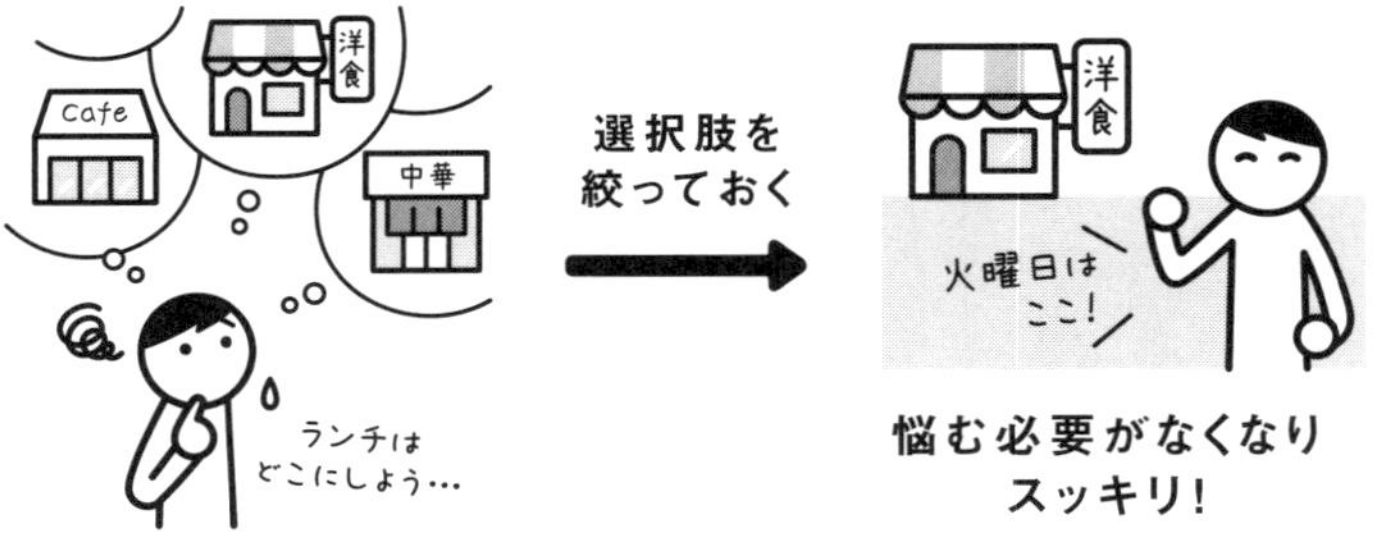

「選ばなければならないなら、面倒くさいからもうやりたくない」という気持ちになってしまうのです。

洋服をたくさん持っている人は、毎朝、どの服を着ていけばいいのか迷ってしまうでしょう。どれにしようか迷っているうちに、何だか選ぶのが面倒になってきて、さらには「外出することも面倒」と感じてしまうかもしれません。

また、レストランのメニューがあまりに豊富にありすぎるよりも、オススメのメニューが1つ、2つしかないお店のほうが、選ぶ手間が省けるのでありがたい、ということもあります。

人は、選択肢が多すぎると、モチベーションが下がります。

ですので、**できるだけ選択しなくともすむように、あらかじめ選択肢を絞り込んでおく**のも良い方法です。

仕事に出かけるときの洋服は5着もあれば十分です。月曜日はこれ、火曜日はこれ、と決めておけば、毎朝、どれにしようか悩まなくてすみます。

いちいち判断することもなく、一瞬で決められますので、疲れません。

ランチを選ぶときにも、月曜はここ、火曜日はここ、と食べるお店を決めておけば（ついでに注文するメニューも決めておけば）、まったく悩まなくてすみます。

私は音楽を聴きながら原稿を書いています。以前はいちいちCDのアルバムを眺めながら「今日は、どの曲をかけよう？」と悩んでいたのですが、面倒なことをしていると仕事のモチベーションも下がってしまうことに気づき、有線を引くことにしました。そうすることで、自分で選ぶ必要がなくなり、すぐに仕事に入ることができるようになったのです。

自分へのごほうびを用意する

あまり気乗りしないことをするときには、ごほうびを用意しておきましょう。

ごほうびがあれば、ごほうびを楽しみにしてウキウキしながら仕事に取り組めますからね。仕事ができる人は、みなこのテクニックを使っています。

「仕事を片づけたら、キンキンに冷えたビールを飲んでいい」というごほうびがあれば、楽しく仕事ができます。

「平日中にノルマを達成できたら、週末には大好きなキャンプに出かけられる」というごほうびがあれば、月曜から金曜までワクワクしながら仕事ができるのではないでしょうか。

「目の前にニンジンをぶら下げておけば、ウマは全力で走る」というよく聞く話が

ごほうびが待っていると思うと頑張れる

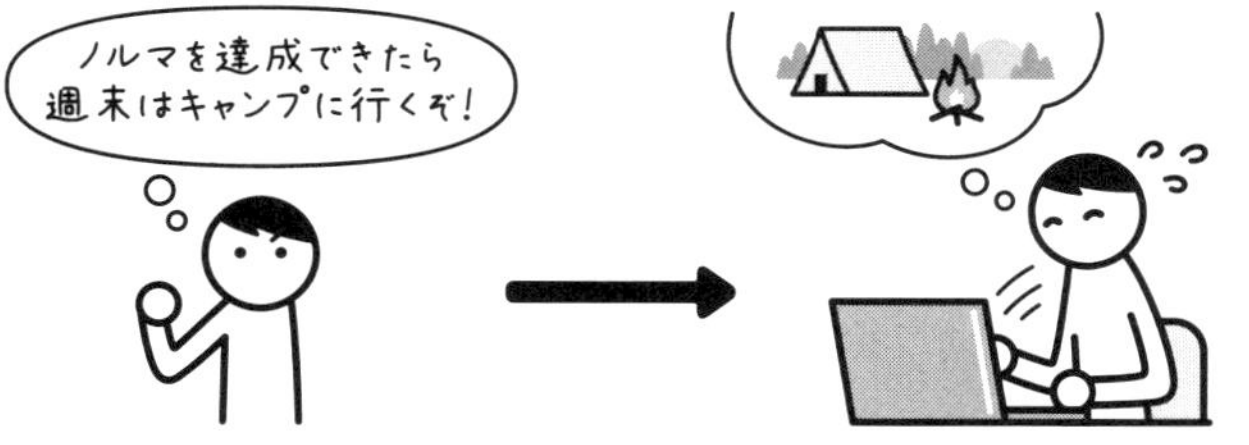

自分へのごほうびを用意しておく

モチベーションUp!

本当なのかどうかはわかりませんが（たぶんウソでしょうが）、人間には打算的なところがありますので、ごほうびがあればどんなことでも嬉々として取り組むことができるというのは本当です。

ニューヨーク市立大学のヘファー・ベンベナッティは、大学生を対象にして、コンサートや演劇やスポーツ観戦などの「楽しいこと」と、レポート作成や試験の準備などの「苦しいこと」のどちらを先にやるのかを教えてもらい、さらに成績も教えてもらいました。

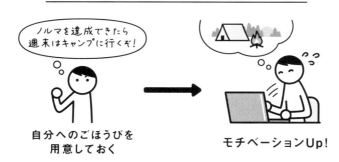

すると、**成績の優秀な学生ほど、辛いことを「先」に、楽しみを「後」に設定している**という明確な傾向が見られたのです。

できる人は、辛いことを先に片づけます。ごほうびは必ず後。

成績の悪い学生は、この順序が逆なのです。楽しいことを先にやってしまい、苦しいことは後回しにするのです。これではやる気も出るわけがありません。

楽しいことは、必ず後にしましょう。**楽しいことが待っていると思えば、モチベーションも信じられないほどに高まります。**

辛抱強い人であれば、ごほうびを相当に後回しにしても我慢できるかもしれません。「定年を迎えて引退したら、のんびり趣味を楽しむ」というごほうびを用意して何十年も頑張れる人もいるかもしれませんが、普通の人にはごほうびが遅すぎます。

できればその日のうちに、あるいは1週間、どんなに遅くとも1か月のスパンでごほうびを用意しておくといいでしょう。頑張ってもごほうびが半年も1年も先なのであれば、やる気も薄れてしまいます。

ごほうびを上手に使って、うまく自分のモチベーションを高めるようにすれば、苦しい仕事も楽しくこなすことができるようになりますよ。

ごほうびリストを作っておく

前項で、ごほうびがやる気を引き出すのに効果的だという話をしました。

このとき、頑張った自分へのごほうびは1つではなく、複数用意しておきましょう。**1つしかないのと、複数の「ごほうびリスト」から選べるのとでは、取り組むときのモチベーションに差が出る**ことが知られているからです。

南カリフォルニア大学のスコット・ウィルタームスは、ある文章をそのまま書き写すという、何とも退屈な作業を実験参加者にしてもらいました。

片方のグループには、作業へのごほうびとしてホットココア、ペン、電卓などのリストの中から好きなものを選んでもらいました。

こちらは複数のごほうび条件です。もう片方には、報酬を選ばせませんでした。

なお、作業は最大で20分間とし、途中でやめてしまってもいいと伝えられていました。飽きたらやめてもよかったのです。

その結果、最後まで頑張る人がどれくらいいたのかというと、複数のごほうびから選べる条件では34・4％。対してごほうびが1つの条件では9・7％という結果になりました。

この結果は、ごほうびが複数用意されていて、好きなものを1つ選べるときのほうが、人はやる気を出すことを示しています。

ごほうびが1つしかなくとも、たしかに効果はあるでしょうけれども、複数個あるときのほうがもっとやる気が出てくるはず。

したがって、何か行動を起こそうというのなら、いくつかのごほうびを用意しておいたほうがいいわけです。

自分がどんなごほうびでやる気が出るのかは、自分が一番よく知っているでしょう。他ならぬ自分自身のことなのですから。

その意味では、ごほうびは1つでも十分によさそうなのですが、やはり複数個を用意しておいたほうがいいでしょう。「ごほうびが選べる」というだけで、モチベーションは自然と上がるからです。

ごほうびリストには、小さなものから大きなものまで用意しておきましょう。コンビニのスイーツ、新しい洋服、ゲーム機、旅行、一日中釣り堀で遊ぶなど、バラエティが豊富にあるほど、選ぶ楽しみが増えます。

ごほうびの魅力というものは、その日の気分でも変わるものです。おいしいケーキが最大のごほうびになるときもあれば、もともとケーキは好きでも今日は欲しくない、という日があるかもしれません。

そういうときのための予防として、**ごほうびリストを作っておく**のがオススメです。

＼ライフスタイルを「1つだけ」変える／

やる気のない自分を精力的な自分に生まれ変わらせたいのであれば、生活習慣を1つだけ変えてみてください。

そんなにたくさん変える必要はありません。1つだけ変えれば十分です。

「とりあえずボサボサの髪型をやめて、短くサッパリさせてみようか」
「地味な服装が好きなんだけど、少しだけ明るい服を買ってみよう」
「出社するときには1駅分だけ歩いてみるのもいいかもな」

こんな感じで1つだけ変えるのです。

1つだけでいいのなら、そんなに苦になりません。簡単にできそうなことを、1つ変えてみてください。

小さな変化が自分を変えていく

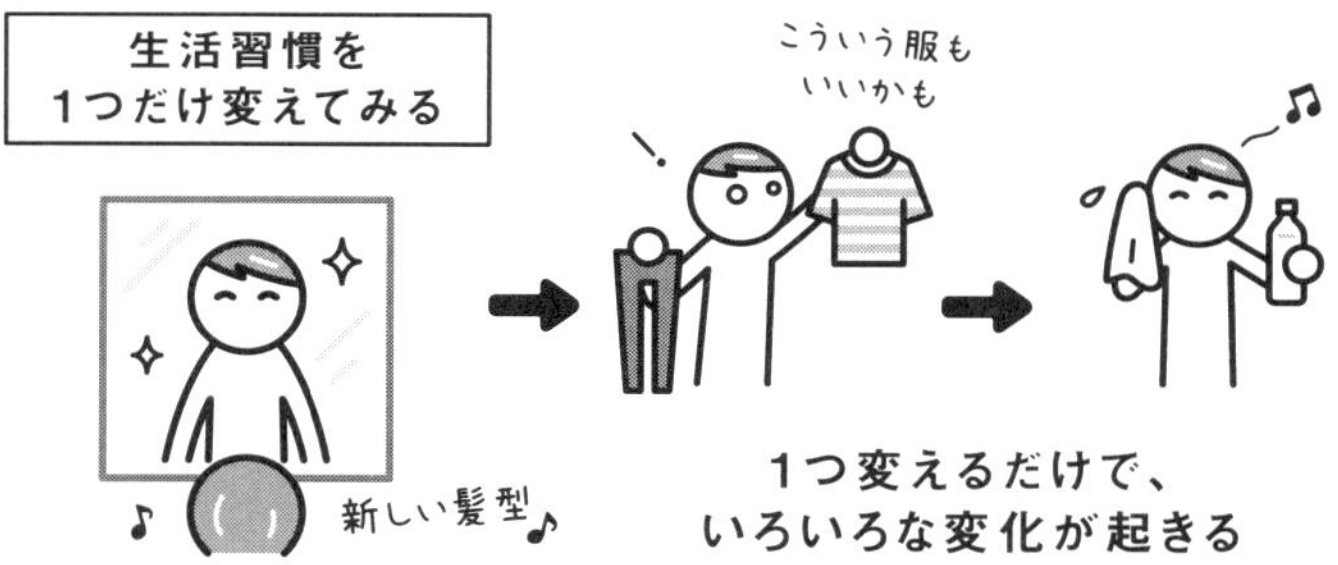

「自分にはダメなところがいくつもあるので、1つくらい変えても何も変わりません」と思う人がいるかもしれませんが、心配はいりません。

私たちのライフスタイルというものは、すべてが密接に絡み合っているので、1つを変えると、それが波及効果をもたらして、芋づる式に他の気に入らない部分もどんどん変わっていくものなのです。

たとえば、ボサボサの長髪から短髪にすると、周りの人から「明るい雰囲気になったね」と言われて、ウケがよくなるかもしれません。異性とのデートも増えるかもしれません。

すると、明るい感じの服を着たくなったり、スポーツジムで身体を鍛えたくなったりします。

そのうち自尊心も高くなってきて、もっと難しい仕事にもチャレンジしたくなるかもしれません。

その結果として、どんどん出世していく、ということがあるかもしれません。

このように、ライフスタイルを1つ変えるだけで、他のことまで変化していくことを、カナダにあるゲルフ大学のグラント・マクラッケンは「ディドロ効果」と名付けています。

ディドロというのは、フランスの啓蒙主義思想家のドゥニ・ディドロのこと。

ディドロは、友人から高級な部屋着（ガウン）をプレゼントされ、せっかくだからとそれを着ていたら、自分の本棚が何となくみすぼらしく見えてきて、新しいものに変えました。

すると今度は、イス、机、タペストリーなども気に入らなくなってきて、どんどん変えていくうちに書斎がそっくり変わってしまった、というエッセイを書いています。

このエピソードに由来して名付けられたので、「ディドロ効果」といいます。

1つを変えると、すべてが変わるのです。

ですので、**たくさんのことにいっぺんに取り組もうとするのではなく、1つだけに絞って変化を起こしましょう。**

そうすれば、他のこともどんどん変わっていきます。

まずは、自分でも比較的ラクに変えられそうだと思えることからチャレンジしてみてください。

1年後には、まったく違う自分に生まれ変わっていることでしょう。

ネガティブな思い込みをやめる

「雨になると膝が痛くなる」とか「梅雨時期になると関節が痛む」などと嘆く人がいます。そういう現象も本当にあるのかもしれませんが、自分がそのように思い込んでいるので、痛みがひどくなるということもありえます。

私たちの身体は、心の影響を受けて、軽くなったり重くなったりします。単なる思い込みにすぎないのに、本当に身体がおかしくなってしまうことはよくあるのです。

「月曜はどうしてもやる気が出ない」という人もいるでしょう。「ブルーマンデー」という症状です。

けれども、月曜日になると必然的に気持ちが落ち込むということはありません。

それは単なる迷信であり、都市伝説であり、本人の誤った思い込みにすぎません。

そういう思い込みは、なるべくしないほうがいいのです。

英国セント・ジェームズ大学のガイルズ・クロフトは、66名の大学生にブルーマンデーを信じるか、それともそんな現象などないと思っているのかを聞きました。それから2週間、その日の気分を測定してもらいました。

そのデータを分析すると、たしかにブルーマンデーは確認されました。他の曜日はそうでもないのに、月曜日には激しい気分の落ち込みが見られたのです。

ただし、それはブルーマンデーを信じている人にだけ。

「そんなのウソだよ」と思っている人にはブルーマンデーは起きていませんでした。つまり、本人の思い込みがブルーマンデーを引き起こしていただけだったのです。

カナダにあるブリティッシュ・コロンビア大学のジョン・ヘリウェルも同じ結果を得ています。50万人を超える大規模調査によって、曜日ごとの幸福感を調べてみると、平日はだいたいどの曜日も同じで、ブルーマンデーなど確認できませんでした。

「毎週月曜日は、どうも気分が盛り上がらない」と思っているから、ブルーマンデー現象が起きてしまうのです。

自分の思い込みがそうさせているのですから、その思い込みに気づけば、その瞬間にブルーマンデー現象もなくなります。
ブルーマンデーだけに限らず、**「○○のときには、いつでも気分が悪くなる」といった思い込みはやめたほうがいい**ですね。その思い込みのせいで、やる気も活力も出なくなっているという可能性が高いのです。

どうせ思い込むのなら、ポジティブな方向で思い込みの効果を利用しましょう。

「月曜になると『よし、今週もやるぞ！』という新鮮な気分になれる」
「春になり、お花見ができる季節になるとバリバリ働ける」
「夏の気温の高い日のほうが、不思議なくらいテンションが上がる」

そういうポジティブな思い込みなのであれば、問題ありませんから、どんどん利用してください。

見栄っ張りになってみる

自分のカッコいいところを見せたいという気持ちを大切にしましょう。カッコいいところを見せるためには、自分の実力以上の力を出さなければならないからです。

見栄を張る気持ちがあればこそ、普段では出せない力も出せます。

つまり、**見栄を張る気持ちはモチベーションの原動力になる**のです。

それまではやる気がなかったくせに、自分の下に新入社員が入ってきて自分が先輩になると、俄然やる気になることがあります。

先輩になると「私は先輩なのだから、ちょっとはカッコいいところを見せたい」という気持ちが生まれるので、期せずしてそれがやる気を高めることにつながるのです。

職場に異性が多いと、やる気が高まることもあります。特に男性はそうでしょう。

「見栄」を張りたい気持ちを活用する

だれに命じられたわけでもないのに「少しでもカッコいいところを見せたい」という下心で、手抜きなどできなくなる人も多いのです。

見栄っ張りな気持ちは、チャレンジ精神も刺激します。

オーストラリアにあるクイーンズランド大学のリチャード・ロネイは、ブリスベンにあるスケートボード場に出向き、そこにいる96名の男性に声をかけ、10回のトリック（技）を見せてくれないかとお願いしてみました。

トリックは簡単なものでも、自分が練習中で50％しか成功しないトリックでもいいと伝えました。

ただし、トリックを見せる相手は違いました。43名は男性の実験者の前で、残りの53名はとても魅力的な女性の実験者の前でトリックをすることが求められたのです。

その結果、魅力的な女性の前のほうが、張り切って難しいトリックに挑戦することが増えました。男性は見栄っ張りなのです。

また、10回のトリックを終えたところでだ液を採取して、テストステロン濃度を調べてみると、男性の実験者の前でトリックを見せたときには212・88 pmol/L でしたが、魅力的な女性の前で見せたときには295・95 pmol/L になりました。

テストステロンは、やる気や積極性を引き出す男性ホルモン。女性の前だと男性がいかに張り切るかがわかります。

人間というものは、少しくらい見栄っ張りなほうがいいのです。

ちょっと背伸びをしたい、カッコいいところを見せたいと思えばこそ、人は成長しようという気持ちになるのです。

見栄を張る気持ちがない人は、自分の情けない姿、無様な姿をさらしてもまったく気にならないので、成長もできません。

憧れの人ならどうするかを考えてみる

サボりたい気持ちを打ち消したいのなら、自分の理想とする人物について考えてみるといいですよ。

「〇〇なら、手抜きなんかしないはずだ」
「〇〇なら、歯を食いしばって耐えるに違いない」
「〇〇なら、絶対にあきらめないところだ」

そういう気持ちが沸々と湧いてきて、サボりたい気持ちなど一瞬で吹き飛ばしてくれるはずです。

この心理効果は、「バットマン効果」と呼ばれています。

バットマンというのは人気映画シリーズのヒーローなのですが、小さな子どもにバットマンについて考えてもらうと、退屈な作業を途中で放り出すことが少なくなったのです。

米国ハミルトン大学のレイチェル・ホワイトは、140名の幼稚園児に、画面にチーズが出たらスペースバーを押し、ネコが出たら押さない、という退屈極まりない作業をやらせました。

その上で、つまらないと感じたらいつでも好きなときにやめていい、と伝えておきました。

その際、半分の園児には「バットマンになったつもりで」やってもらったのですが、「バットマンだったら、そんなに簡単には投げ出さないはずだ」と考えた園児たちは、特に何も指示されなかった園児よりも20%も長く作業に取り組んだのです。

この心理効果には「バットマン効果」という名前がついてはいるものの、バットマン以外の人物でもまったく問題はないと思います。

自分にとっての理想、あるいは憧れとする人であれば、だれであっても同じ効果が得られるでしょう。

映画の『ロッキー』が好きな人なら、「私はロッキーだ」と思ってもいいでしょうし、スーパーマンでも仮面ライダーでも、それ以外でも大丈夫です。

バイデン大統領は、大統領執務室の一番目立つ場所にフランクリン・D・ルーズベルトの肖像画を飾りました。

世界大恐慌、第二次世界大戦という非常に困難な状況を潜り抜けてきたルーズベルトの肖像画を見ながら、バイデン大統領はきっと「ルーズベルトなら、今の状況にどうやって対処しただろうか」などと考えているに違いありません。

自分にとってのヒーローについて考えることは、モチベーションを高めるのにとても良い方法ですので、ぜひ参考にしてみてください。

自分の晴れやかな姿をイメージする

私たちを積極的にさせ、モチベーションを活性化させるホルモンに、テストステロンがあります。

「何だか元気が出ない」というときには、テストステロンを分泌すれば解決できるわけですが、そんなに簡単にテストステロンを出したりできるのでしょうか。

実は、できるのです。

そのやり方とは、**自分の晴れがましい姿を思い出す**こと。

運動会のかけっこで1位になったときのことでも、学芸会で主人公を演じることになったときのことでも、たまたま営業成績が良くて社内賞をもらったときのことでも、何でもかまいません。

人生を振り返ってみると、だれにでも1つくらいはそういうエピソードがあるでし

誇らしい記憶を思い出す

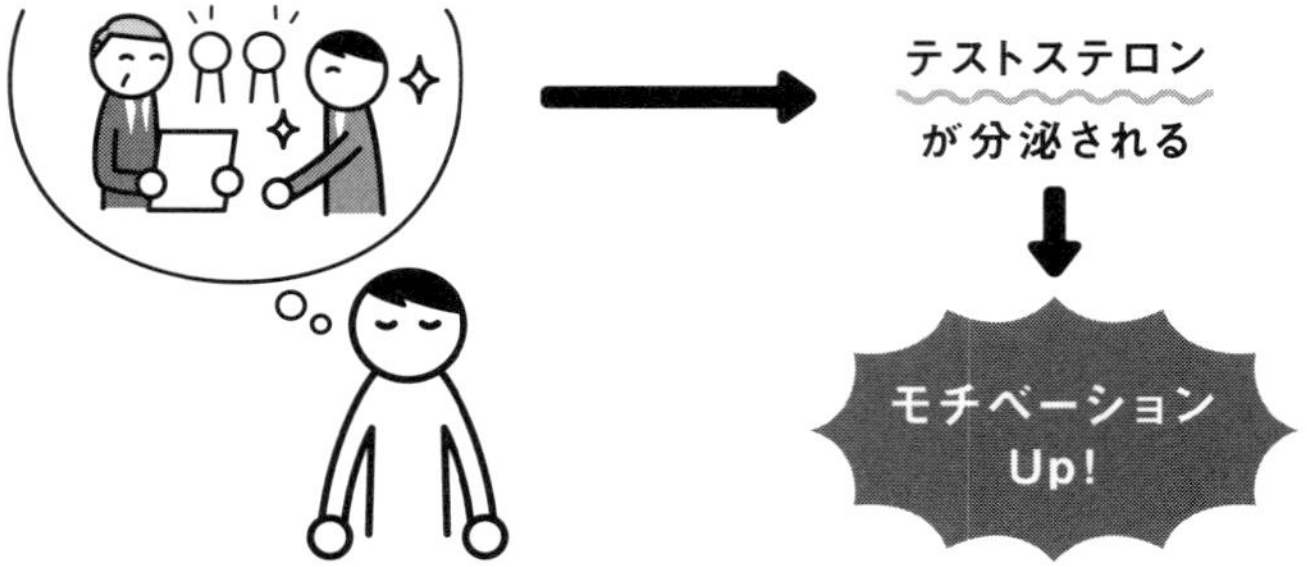

ようから、それを頭の中で鮮明に思い出してください。これでテストステロンも出てきます。

「スポーツの勝者は、試合後にテストステロンがたくさん分泌されるが、自分の試合を見るだけでもそういう効果はあるのではないか」

カナダにあるブロック大学のジャスティン・カレはそんな仮説を思いつきました。

そこで、23名のプロのアイスホッケー選手にお願いして、自分が勝ったときの試合のビデオか、負けたときのビデオを60分見てもらいました。すると勝った試合を見た後では、テストステロン濃度が上昇していることがわかったのです。

自分の晴れがましいビデオを単純に見ているだ

けでも、テストステロンは分泌されたのです。

あいにくそのような都合のいいビデオがないのであれば、自分の晴れやかな姿を脳内のイメージで思い出しましょう。多少は脚色してもかまいません。そういうイメージを頭に思い浮かべるだけでも、テストステロンは分泌されます。

インチキな記憶を頭の中ででっち上げるのは、そんなに難しいことでもありません。そういう記憶を何度も何度も思い浮かべるようにしていれば、まるで本当のことのように感じられてくるでしょう。

私たちの記憶はいいかげんなところがあって、本当はそんな経験をしていなくとも、何度も思い出すようにしていると、真実の記憶になってしまうのです。

本当は運動会のかけっこでは2着だったのに、1着であったかのように思い浮かべるようにしていれば、そのような記憶を創り出すのも難しくありません。

自分が最高に気持ちよくなれるようなエピソードをたくさん記憶の中に保存しておけば、いつでも好きなときに自分の気分を盛り上げることができます。

下品な言葉を口に出す

「バカ」とか「アホ」といった言葉は、ののしり言葉と呼ばれています。そういう言葉は下品ですので人前ではあまり使わないほうがいいのですが、実は**ののしり言葉には、「自分を強くする」という意外な効果もある**のです。

英国キール大学のリチャード・ステファンズは、ののしり言葉を口に出しながら、あるいは何も口に出さないで冷たい水の入ったバケツに手を突っ込ませ、できるだけ我慢をしてもらう、という実験をしてみました。

その結果、男性であれ、女性であれ、ののしり言葉を喚いていたほうが、簡単にギブアップすることもなく、長く我慢できることがわかったのです。

実際の結果も示しておきましょう。

「ののしり言葉」で我慢強くなれる

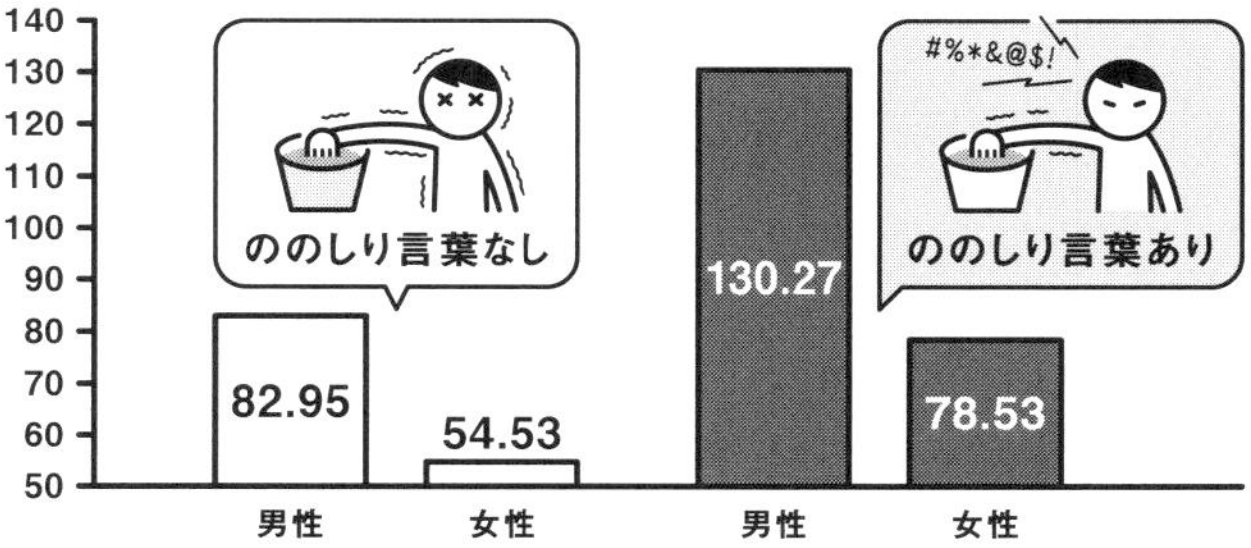

バケツに手を入れていられた時間（秒）

※男性22名、女性49名の平均　（出典：Stephens,R.ら、2011より）

ステファンズによると、実験に参加した71名中52名（73％）は、ののしり言葉を喚いたときのほうが、口を閉じているときよりも我慢できたそうです。

ちなみに、ステファンズはこの面白い研究で、イグノーベル賞をとっています。

退屈な仕事など、我慢や忍耐を求められる場合には、少々はしたなくはありますが、汚い言葉を口にするのも悪くありません。

「チクショウ、負けないぞ！」

「クソ、このまま引き下がれるか！」

こんな感じの言葉を口に出しながら取り組めば、頑張れるのではないでしょうか。

ただし、周囲に人がいるかどうかは、きちんと確認しておきましょう。人に聞かれると、悪い印象を与えてしまうかもしれませんから。


重い荷物を運ばなければならないときや、やりたくもないゴミ拾いのボランティアにムリヤリ参加させられたときなどは、作業に取りかかる前に、一言、二言、心の中で「チクショウ」などと叫んでから始めてみてください。

やりたくない作業でも、それなりには頑張れるようになるかもしれませんよ。

自分の性質に合わないことはやる気にならない

私たちは、自分に合ったことしかできませんし、やる気も出ません。どんなにやる気を絞り出そうとしても出せないのであれば、自分には合わないことをやろうとしているのではないかということを疑ってみてください。

イスラエルにあるベングリオン大学のアヴィ・アソールは、570名の中学生に、内向性と外向性を測定する心理テストを受けてもらう一方で、「15人（あるいは1人）の知らない人の前で発表する」という状況で、どれくらいやる気を感じるかを調べてみました。

その結果、内向的な人は、「15人の前での発表」のときにやる気が出ず、逆に外向的な人は「1人しかいないときの発表」でやる気が出ないことがわかりました。

内向的な人は、一人で黙々と作業をするようなことが好きなタイプです。引っ込み思案でもありますし、大声を出したりするのも苦手なので、大勢の人の前で発表しなければならないことは、苦痛でしかありません。そういう人にとっては「15人の前での発表」は気が滅入るのです。

逆に、外向的な人は、非常に社交的で、みんなとワイワイやるのが好きなタイプ。そういうタイプは、たくさんの人に見られると思えば、自然と興奮するのでやる気も高くなるのです。観衆が1人では、気分も盛り上がりません。

この研究からわかるように、**自分の肌というか、性質に合わないことでは、やる気が出ないのは当たり前なのです。**

もし、どうしても仕事のやる気が出ないというのであれば、その仕事の内容が自分と合っていないという可能性があります。

そういう境遇で悶々としながら生活するよりも、いっそのこと違う部署への異動願を出すか、あるいは転職をしたほうがいいかもしれません。自分に合わないことは、逆立ちをしてもやる気にはならないでしょうから。

私は、会社を設立したときに、会社の経理を自分でやろうと思ったことがありましたが、1年も持たずに税理士にお願いすることにしました。

私はもともといいかげんな性格なので、経理の作業のようなものはどうしてもやる気にならなかったのです。

自分に合わないことは、やろうとしてもどうせやる気にもならないでしょうから、他の人に代わりにやってもらうようにしたほうが得策かもしれません。

お互いに自分の得意なことだけをやり、苦手なことはお互いに交換することができるのなら、どちらにとってもウィン・ウィンになります。

なかなかそう簡単にはうまく交換できないかもしれませんが、だれか自分の代わりにやってくれそうな人を探したほうが、自分でやるよりもてっとり早いということはよくあります。

いばるポーズをとってみる

頭を後ろにそらして相手を見下ろそうとしたり、偉そうに腕を組んだり、足を大きく開いて座ったりする姿勢は、尊大でいばって見えますので、基本的にはやらないほうがいいとされています。

けれども、元気が出ないときにはあえてそういうポーズをとってみるのも悪くありません。

なぜなら、そういうポーズは、心理学には**「パワーポーズ」**と呼ばれていて、**私たちにパワー、すなわち元気やエネルギーを与えてくれるポーズ**だからです。

ケンブリッジ大学のイ・ウンへは、パワーポーズの効果を確認するため、重りの入った段ボールを持ち上げ、その重さを推測してもらうという実験をしたことがあります。

「強そうなポーズ」は気持ちも強くする

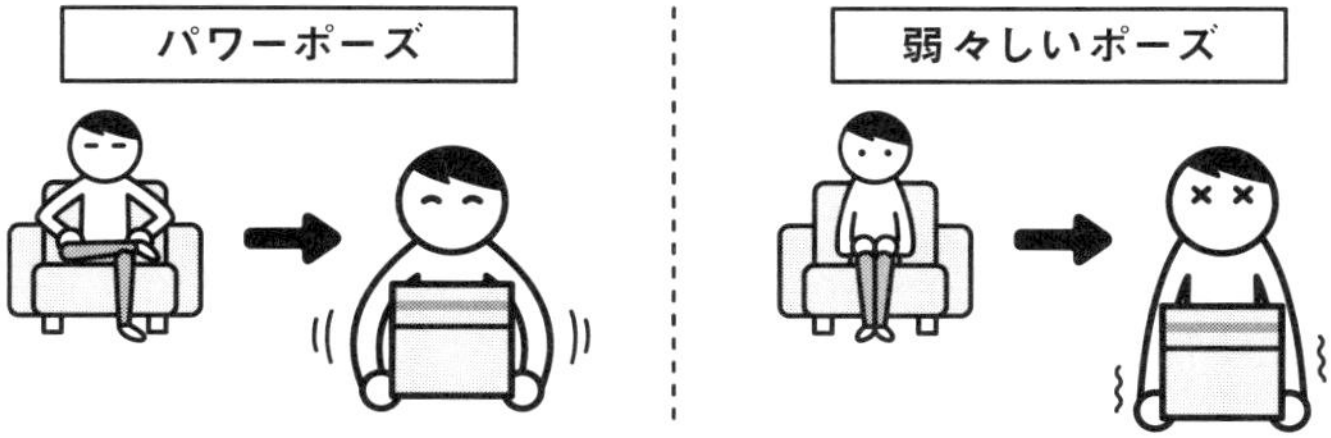

姿勢によって、重さの感じ方も変わる

参加者が持ち上げるのは2回。1回目は普通に持ち上げてもらい、2回目はパワーポーズをとらせてから、あるいは弱々しいポーズをとらせてから、持ち上げてもらいました。

この実験でのパワーポーズは、イスのひじ掛けに腕を乗せ、片足の足首をもう片方の太ももに乗せるというポーズ。

弱々しいポーズのほうは、肩を落としてうなだれ、手を太ももに置いて、両足をぴったり閉じて座る、というものでした。

この姿勢を3分間とってもらったのです。

では、段ボールの重さの推測値はどうなったのでしょうか。

それぞれのグループの答えの平均を見てみましょう。

パワーポーズをとったグループでは、ポーズをとる前は3・17kg、ポーズをとった後は2・83kgとなりました。

一方、弱々しいポーズをとったグループでは、ポーズをとる前は3・30kg、ポーズをとった後は3・40kgとなりました。

パワーポーズをとった後には、「なんだ、こんなもの」と段ボールを軽いと感じたことがわかりますね。逆に、弱々しいポーズをとると、より重く感じてしまうようです。

あなたは、普段どんな姿勢をとっているでしょうか。

街中を歩いているときに、お店のウィンドウに自分の姿が映ったら、ちょっと確認してみましょう。

猫背で、うなだれた姿勢になっていたりしませんか。だとしたら、自分でも気がつかないうちに元気が奪われる姿勢になっているということです。

私たちは、自分の姿勢というものをあまり意識していませんが、それはよくありません。

弱々しい姿勢をとっていると、心のほうも落ち込みやすく、ネガティブな方向に行きやすくなります。

「力が出ない」のは、悪い姿勢が原因かもしれません。

最近は、スマホの画面を見つめすぎて、いわゆる〝スマホ首〟に悩んでいる人も多いのではないかと思いますが、スマホ首の姿勢はまさしくうなだれた首の姿勢。そういう姿勢をとっていたら、元気が出ないのも当然です。

ブレスレットでお悩み解決

「私は本当にダメな人間だ」

「私には欠点しかない」

というように自分を責め、批判ばかりしてしまうのであれば、やる気が出なくなるのも当然です。


自己批判、自己嫌悪は、私たちからすべてのエネルギーを奪い取ってしまうものだからです。うつ病になった人は、何もする気が起きなくなりますが、それは自分を責めすぎるから。


では、自分を批判してしまう人は、自分を愛することはできないのでしょうか。

これが意外に簡単にできるのです。

用意するものは、ブレスレット1個。安いものでまったくかまいません。100円均一ショップでも売っています。色やデザインも気にしなくてけっこうです。

そのブレスレットを手首につけ、もし自分を責めるようなセリフが少しでも頭に浮かんだら、そのブレスレットを右手首から左手首に移し替えます。

このとき、「はい、こういうネガティブ思考はダメ！」と言いながら移し替えるのです。

しばらくしてまた自己批判の思考が頭に浮かんだら、「ほら、またネガティブ思考！　ダメ！」と自分に言い聞かせながら、左手首から右手首へとブレスレットを移動させます。

これを何度もくり返すだけ。やり方もシンプルです。

オランダにあるマーストリヒト大学のエルク・スミーツが、このブレスレット法を試してもらい、３週間後に調べてみたところ、参加者は自己批判の回数が減りました。そして、自分を愛せるようになり、悲観的なところが抑制されて楽観的になり、あまり悩まなくなったそうです。

ブレスレット法はとても効果的だったのです。

ただし、ブレスレット法は、スミーツのオリジナルのテクニックというわけではありません。

サイコセラピーの世界では、もともと「ゴムバンド法」と呼ばれるテクニックが知られており、ネガティブ思考が起こるたび、手首につけた輪ゴム（ゴムバンド）を右手首から左手首、左手首から右手首へと交互に移動させるようにするだけで治療効果があげられるということがわかっていました。スミーツはこれをブレスレットに置き換えただけです。

輪ゴムに比べると、ブレスレットのほうがオシャレですので、こちらをオススメします。ネガティブ思考に苛まれやすいようなら、ぜひ試してみてください。

スミーツの実験では3週間で効果が見られましたから、それくらいの期間でネガティブ思考も減らせるでしょうし、それに合わせて心も元気になっていくことが期待できます。

COLUMN

ヨガや太極拳をやってみる

何か新しいことを始めてみたいのなら、ヨガをオススメします。自宅で簡単にできますし、心身の乱れを整えることができますから。

オーストラリアのメルボルンにある健康生活テクノロジー社のジョナサン・ハルパーンは、60歳以上で不眠症の人を募集し、集まった57名に12週間のヨガコースをやってもらいました。

すると、**ヨガをすることで睡眠の質が向上し、夜中に目覚めたりせず、ぐっすりと快眠できるようになりました。**

また、**うつも減り、疲労も感じにくくなり、ストレスや不安も減少する**こともあわせて確認されました。

何をするのも億劫に感じて、ダラダラしてしまう人は、ぜひヨガをやってみてください。不思議なくらい、心がサッパリしてきますよ。

「私は身体が硬いから、ヨガなんて無理」という人がいらっしゃるかもしれませんが、超がつくほどの初心者でも簡単にできるヨガがいくらでもあります。

初心者向けのヨガは、インターネットで簡単に動画を見つけることができますので、そちらを参考にしてみてください。

コロナ禍で外出できない人が増え、自宅でできるエクササイズとしてヨガを始めた人の中には、驚くほど心のモヤモヤが吹き飛ばせるので、ヨガが楽しくなってしまったという人もいるでしょう。それくらいヨガは効果的なのです。

そんなに激しく動き回るものでもありませんので、深呼吸しながらゆっくりとやってみてください。最初は5分でも十分です。

たとえば、「猫のポーズ」。両手を床につけて四つん這いになり、ゆっくりと背中を丸めたり、頭をそらしたりする動作をくり返すのが猫のポーズです。

ヨガのウォームアップのポーズとしてよく使われるそうですが、初心者にはこの程

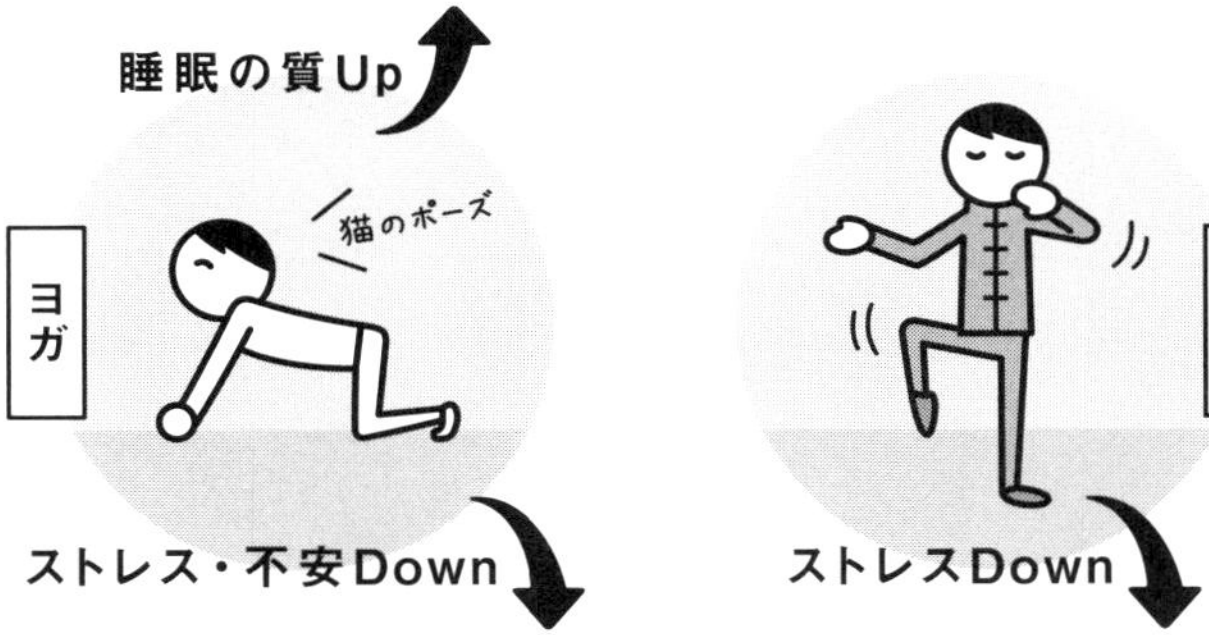

度のものでもかまわないと思います。

そして、ゆったりした動作という点では、太極拳でもかまいません。

米国マサチューセッツ州にあるタフツ大学のチェン・ワンは、「太極拳と健康の関連性」を調べた40本の論文をメタ分析（複数の研究を総合的に判断する統計手法）し、太極拳には、ストレスを減らしてうつ感情を吹き飛ばせる効果があることを明らかにしています。

ヨガでも太極拳でも、自分に合いそうなものをやってみてください。

どちらも科学的な研究によって明確な効果が確認されているエクササイズですので、安心して取り組んでいただいて大丈夫です。

第 6 章

なかなか
動いてくれない人を
動かす方法

相手の話を聞く

これまでの各章では、「自分が動く」ための方法を探ってきましたが、この最終章では、自分ではなく「他の人を動かす」方法について考えてみましょう。

まず1つ目の方法は、できるだけ相手に好かれること。

当たり前ですが、**私たちは、嫌いな人の言うことは聞きません。**頭では理解していても、嫌いな人の言うとおりにすることは癪に障るからです。

その解決法はそんなに難しいことでもなく、**ただ相手の話によく耳を傾ける**ようにすればいいのです。

たとえば、上司であれば「うん、うん」と相づちを打ちながらじっくり部下の話を聞き、部下の自主性を認め、できるだけ部下のやりたいようにやってもらうようにすれば、部下に好かれますし、こちらの話もよく聞いてくれるようになるでしょう。

ノルウェーにあるオスロ大学のアン・ミュンスター・ハルバリは、２０８名の大学生に口腔ケアのアンケートを実施し、一番直近で歯科医を訪問したときのことを思い出してもらいました。

すると、「先生は、きちんと私の話を聞いてくれた」とか「先生は、私に治療の選択をさせてくれた」と感じれば感じるほど、先生との関係に満足し、定期的な口腔ケアをするようになり、予約も勝手にすっぽかすことがなくなることがわかったのです。

私たちは、先生が嫌いだと言うことを聞きません。飲んでくださいと言われている薬も飲まなかったり、次回の予約もすっぽかしたり、そのうち診療自体を受けなくなったりします。「嫌いなヤツの顔なんて見たくないし、言うことなんか聞いてあげない」というわけです。

この傾向は、お医者さんと患者との関係だけに当てはまるのではありません。上司と部下との関係にも当てはまりますし、学校の先生と生徒にも当てはまります。

相手を動かすのが上手な人は、しっかり相手の話に耳を傾けることができる人。

そういうわけですので、もし「私の部下は腰が重くて、まったく動いてくれなくて困る」という悩みを持っているのだとしたら、部下を変えようとするのではなく、まずは自分の態度を変えてみるのもいいかもしれません。

相手が何か話そうとしているのに、それを遮って自分がしゃべる人。相手が話している途中なのに、「ああ、わかった」と話を一方的に打ち切る人。

そういう態度をとっている人は相手に好かれるわけがありませんし、相手を動かしたいと思ってもうまくいかないのは当然ですよね。

サポート役に徹する

もしかすると、悩みごとを抱えていて、サイコセラピーやカウンセリングに興味を持ったことがある方もいるかもしれませんね。

しかし、催眠療法やら認知行動療法やら森田療法やら、びっくりするほど非常にたくさんのセラピーがあり、「いったい、どれを選んだらいいんだろう?」と迷ってしまいそうです。

けれども、結論から言えばどんなセラピーでもかまわないのです。

きちんと話を聞いてくれて「この先生なら安心だな」と思えるのであれば、その先生がどんなセラピーをしていても大丈夫です。

カナダにあるマギル大学のデビッド・ズロフは、うつ病と診断された男性26名と女性66名(平均42・01歳)に、薬物療法(抗うつ剤)、認知行動療法、対人療法という3

つのセラピーのどれかを割り振って、16回のセッションを受けてもらいました。するとどんなセラピーを受けたにしろ、「この先生は私にどんな治療を受けたいのか、きちんと選ばせてくれる」と思えた人ほど、治療を受ける意欲も高まり、最終的にはうつ病も治りやすいことが明らかにされたのです。

セラピー自体は、そんなに関係ありません。大切なのは、先生が患者の話をきちんと聞いてくれて、サポートをしてくれるかどうかなのです。

自分勝手なやり方を押しつけてくるような先生ですと、どんなセラピーを受けても治療効果は見られませんし、イヤになってそのうち行かなくなってしまいます。

私たちは、押しつけを嫌います。自分で自分のことを決めたい、という基本的な欲求を持っているからです。

上司もそうで、部下を尊重し、部下のやりたいようにやらせてくれる人であれば、部下も仕事が楽しいでしょうし、命じていないことでもどんどんやってくれるようになります。

部下の扱いがうまい上司ほど、指示など出しません。最低限の指示をするだけです。そのほうが部下も張り切って仕事をしてくれます。

かつて、日本の会社には「ニコポン管理法」というものがありました。どんな管理法かというと、何もしません（それで「管理」と呼べるのかどうかは疑問ですが）。上司は、部下のやりたいようにやらせて、時折、「ニコッ」と微笑んで、部下の肩を「ポン」と叩いてあげるだけでいい、というのがニコポン管理法です。「ニコッ」と「ポン」を合わせて「ニコポン」になるわけです。

私の印象ですと、最近の上司は部下に口を出しすぎです。たしかに新人なのであれば何もわからないでしょうから、ある程度はしっかりと教えてあげなければなりませんが、後は部下の話をよく聞き、部下にそっくりまかせるようにしたほうがうまく管理できるのです。

期待が人を伸ばす

我が子がかわいくてかわいくて、客観的な評価ができずに、自分の子どもは何と素晴らしいのだろうと過大評価してしまうことを、俗に「親バカ」といいます。

一般には「恥ずかしい親」といったニュアンスで使われる言葉ですが、子どもにとってみると、非常にありがたい親でもあります。けなされたり、批判されたりするよりは、ホメてもらえたほうが嬉しいに決まっていますよね。

「うちの子って、こんなにすごいのよ!!」
「うちの子って、天才なんじゃないかしら?」
「うちの子って、ひょっとして大物!?」

そんな風に大きな期待をかけてもらえるのですから、少しくらい「親バカ」でいてくれたほうが、子どもの成長にはとても大きな利益が見込めます。

期待されると本当に能力が高まる

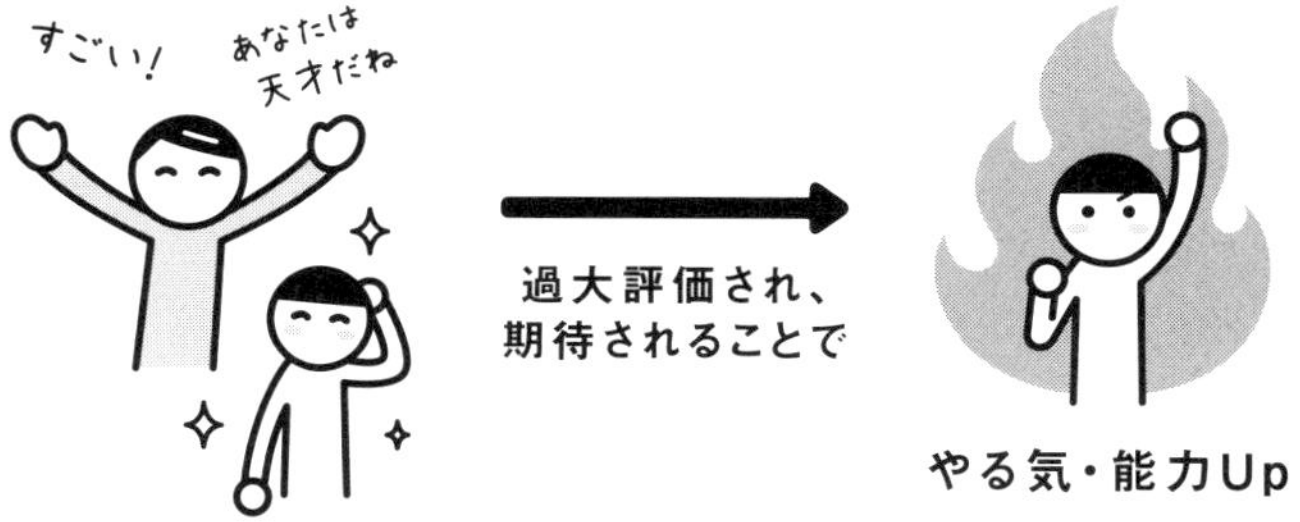
すごい!
あなたは天才だね
過大評価され、期待されることで
やる気・能力Up

人間というものは、親が期待をかけてくれればかけてくれるほど、伸びていくのです。

フランスにあるグルノーブル大学のジュリアン・ボワは、平均10・4歳の子ども156名のお母さん(平均38・3歳)に、子どものスポーツの能力を評価してもらいました。

「全体として、うちの子はスポーツ能力が高いと思う」といった質問に答えてもらったのです。

次に、子どものスポーツ能力測定を行いました。立ち幅跳びであるとか、20メートルのシャトルランなどをしてもらったのです。

さらに1年後には、もう一度同じスポーツ能力測定をしました。

その結果を見ると、お母さんが親バカ気味で、「うちの子はスポーツ万能」と思い込んでいればいるほど、子どものスポーツ能力は高く、その1年後のテストではさらにその能力が伸びていることもわかりました。

親の思い込みは、子どもの能力の成長に大きな影響を与えているのです。

このような現象を、心理学では、「期待効果」や「ピグマリオン効果」と呼んでいます。親が大きな期待を持てば持つほど、子どもはその期待通りに伸びていくのです。

「あなたは、本当に天才！」と親に手放しでホメられると、たいていの子ども、特に思春期の子どもは、「ちょっとやめてよ、お母さん！」などと恥ずかしがって自分の親をたしなめたりするかもしれませんが、せっかく親が過大評価してくれているのですから、ありがたくその過大評価を受け入れるのが正解です。

子どもに限らず、**人に動いてほしいのなら、相手に思いきり期待をかけてあげましょう。**そうすれば相手はこちらが望んだ方向に向かってくれます。

グループで行動してもらう

人間は弱い生きものです。一人では、そんなに力は出せません。

というわけで、部下を動かすときには、一人にやらせるのではなく、他の人たちにも声をかけ、**グループやチームでやらせてみる**のもいいでしょう。

そのほうが目標を達成できる可能性が高まります。

英国マンチェスター大学のトレーシー・エプトンは、目標を達成するのにどういうやり方が効果的なのかを検証した論文を141本も集めて、メタ分析という統計手法で総合的な結論を出してみました。

その結果、個人でなくグループで取り組んだほうが目標を達成するのに効果的であることがわかったのです。

仕事をするときには、グループでやったほうが楽しく取り組めますし、生産性もアップします。

勉強するときもそうで、一人ではすぐに飽きてしまうものですが、みんなで一緒に頑張るのなら、手も抜けません。みんなが頑張っているのに、自分だけは漫画を読むというわけにはいきませんよね。

運動もそうですね。スポーツジムに通うと決めたのなら、友人や家族も誘って行きましょう。

自分一人でジムに通おうとしても、「今日は雨が降っているからいいか」とか「今日は仕事が忙しかったから」などと、いろいろな理由をつけてそのうちにジムに通わなくなってしまいます。

でも、だれかと一緒だと思うと自分だけサボるわけにはいかなくなるものです。

私たちは、他の人と一緒のときには、いつも以上の力が出せます。これを「社会的促進現象」と呼びます。

ドイツにあるヴェストファーレン・ヴィルヘルム大学のヨアヒム・ハフマイヤーは、

1996年から2008年のオリンピック、1998年から2011年の世界選手権、2000年から2010年のヨーロッパ選手権における、100メートル自由形の水泳選手199名（男96、女103）のタイムを調べてみました。

その結果、個人の自由形より、リレーの自由形のときのほうがどの選手もタイムが伸びることがわかりました。

人間は面倒くさがり屋なので、一人ではついつい手を抜いてしまいますが、他の人と一緒だと、そういうわけにはいきません。手を抜くどころか、他のメンバーに迷惑をかけないようにと、必死になっていつも以上の力を出してくれるかもしれません。

人を動かすコツは、一人でなく、他の人と組んでやってもらうこと。

何をするにしても、一人よりはみんなとやったほうが楽しいですし、やる気も出やすいはずです。

人の目があるところで取り組んでもらう

世界的なコロナウィルスのパンデミックのため、リモート勤務をする人が一気に増えました。わざわざ会社に出向く必要がないわけですから、テクノロジーの進歩を大歓迎した人も多いことでしょう。

ところがその一方で、会社ではなく自宅で仕事をするようになって「いまいちやる気が出ない」と感じる人も多かったのではないでしょうか。

会社に行けば、周りにたくさんの人が働いていますが、自宅では一人で仕事をしなければならないからです。

私たちは、他の人たちから見られていると思うと、やる気が出ます。他人に見られていると、手抜きもせず、本気で取り組めるのです。

“人の目”によってやる気を引き出す

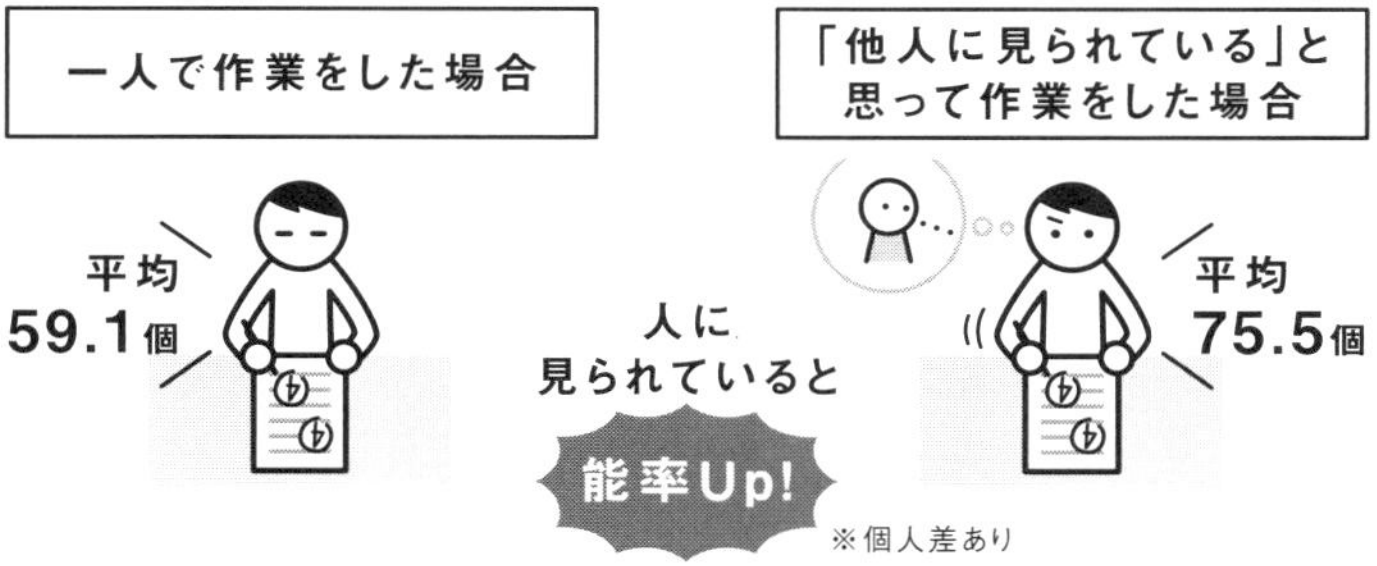

米国ジョージア州にあるマーサー大学のキーガン・グリーニアは、数字の並んだリストを見せて、「4」の数字にだけ丸をつけていく、という退屈極まりない作業をやらせてみました。

ただし、半数には「マジックミラーの向こうには別の人がいて、あなたの姿を見ている」と伝えました。

マジックミラーの向こうにいる人は、ただ見ているだけで、何かの評価をするわけではありません。

ところが、実験に参加した人たちは、見られていると思うと、張り切って作業に取り組んでくれました。

作業を一人でやると平均して59・1個しか丸を

つけませんでしたが、他の人に見られていると伝えた条件では平均75・5個もの丸をつけたのです。

他人に見られると思うと、私たちの気持ちは高ぶります。何だか胸の奥が熱くなってきて、「よし、やるか！」という力を出せるのです。

自宅で勉強をしようと思っても、ついついスマートフォンを見てしまうとか、パソコンでネットサーフィンを始めてしまったりするものです。だれにも見られていないと思うと、いくらでも手抜きをしてしまいます。

自宅で力が出せない人は、他の人も勉強をしている図書館に出向きましょう。周りに人がいると、知らないうちに力が出せます。

カフェでもかまいません。隣のテーブルに人がいれば、サボりにくくなります。

もちろん、個人差もあり、周囲に人がいないほうが仕事に集中できるという人もいるでしょう。そういう人は、自宅で勉強をしたほうが能率はアップするはずです。移動の時間も短縮できます。

性格的に内向的な人は、周りに他の人がいると思うと、かえって集中できないということがありますので、そういう人はだれもいない場所で働いたほうがいいかもしれません。

自分がどういうタイプなのかを考えて、一人でやるか、みんなのいるところでやるのかを決めてください。

部下を動かすときには、放ったらかしにするのではなく、ちょこちょこと声をかけてあげるといいですね。

そうやって「私はあなたの仕事ぶりをしっかり見ているよ」と間接的に伝えておいたほうが、しっかりやってくれるでしょう。

明るい雰囲気をつくる

就職活動をしようとする大学生は、給料ですとか、福利厚生などを優先して会社を選ぼうとするものです。しかし、後悔しないようにするためには、そんなことよりも**「職場の雰囲気」を一番の条件にして選ぶ**ことをオススメします。

どうしてかというと、どんなに高い給料をもらっていても、職場の人間関係が冷たくギスギスしていると、会社に行くのがイヤになってしまうからです。

逆に、アットホームで楽しい人たちがたくさんいる職場なのであれば、少しくらい手取りが少なくとも、働くことに生きがいも感じるでしょうし、毎日会社に行くのも楽しくなります。

学校もそうです。どんなに講義のカリキュラムが充実していて、世界的に有名な先生がそろっていても、気の合う友達がいないのであれば、学校に通うのもそのうちイヤになります。一緒にいて楽しい友人がいるかどうかのほうが、ずっと大切です。

ニュージーランドにあるワイカト大学のジャスティン・アレンは、100名の女子高校生に部活動やクラブチームでスポーツをする動機について聞いてみました。

さらに、自分がやっているスポーツに興味を持ち、楽しいと感じるかどうかも聞きました。

その結果、「友人を作りたい」「仲間と一緒に笑いたい」といった人間関係の親密さにかかわる動機を持っている人は、「大会で優勝したい」といった動機を持っている人よりも、スポーツを楽しんでいることが明らかにされました。

どんなに苦しいトレーニングでも、仲間と一緒にワイワイしながらやれるのであれば、あまり辛さも感じません。楽しく取り組むことができるのです。

もし職場にやる気がなさそうな人がいるとしたら、その原因は、仕事それ自体ではなく、職場の人間関係にあるのかもしれません。人間関係に不満がなければ、どんな業種のどんな仕事であっても、それなりに面白いと思うのです。

カナダにあるカルガリー大学のピアーズ・スティールは、とあるポテトチップス工場で働く女性作業員についての事例報告をしています（『ヒトはなぜ先延ばしをしてしまうのか』阪急コミュニケーションズ）。

製造ラインで流れてくるポテトチップスを監視し、形の悪いものを拾い上げる作業というのは、単調で面白くもなさそうですが、スティールによるとその工場で働く女性作業員は、みんな嬉々として作業に取り組んでいるそうです。

なぜかというと、流れてくるポテトチップスの中に、有名人の顔に似たチップスを見つけては、「これって、歌手の○○に似てない？」とお互いに楽しくおしゃべりしているからだそうです。

単調すぎてお世辞にも面白いとはいえない仕事でも、職場の人たちと仲良く仕事ができれば、仕事も楽しくなるのです。**仕事に精を出すだけでなく、人間関係を円満にすることにも力を入れることが大切です。**

相手に選んでもらう

相手のやる気を高めたいのであれば、**複数の選択肢を与え、やりたいほうを選ばせる**というやり方を試してみるといいでしょう。

子どものやる気を出すときにも、このやり方は有効です。

勉強してほしいときには、「今日は、算数と国語の、どちらの勉強をしたい？」と聞いてあげるようにすれば、子どもは「算数の勉強をしなさい」などと言われるよりも、やる気が高まります。

テキサス大学のエリカ・パタールは、14のクラスに在籍する207名の高校生に、2つの宿題から自由に選んでもらうという実験をしてみました。

ただし、宿題の難易度はほとんど同じレベルになるようにしたので、生徒はラクな

自分で選ぶとやる気になる

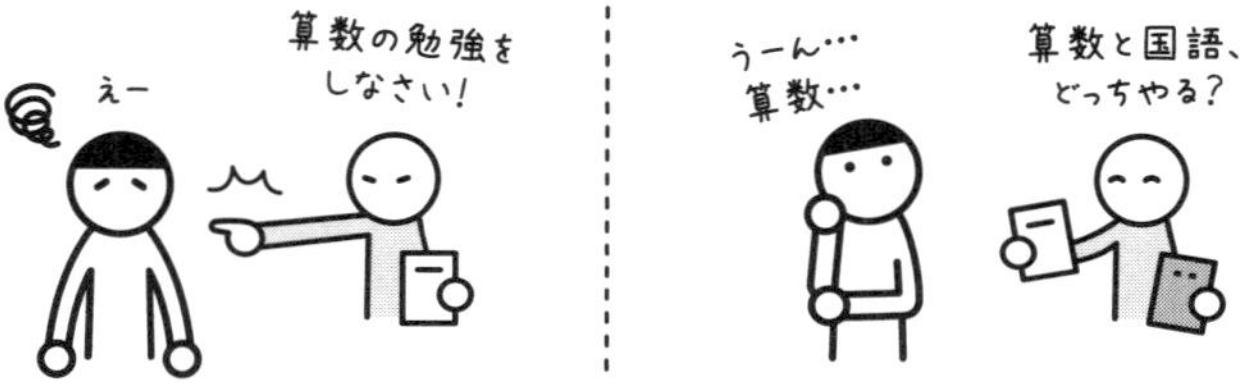

同じ行動でも、自分で選べばやる気になりやすい

宿題を選ぶ、というわけにはいきませんでした。

一方、コントロール条件に割り振られた生徒は宿題を選べず、それまでと同じように１つの宿題が与えられました。

実験は４週間の期間で、どれくらいきちんと宿題をやってくるのかを調べたところ、２つの宿題から選べるクラスのほうが、きちんとやってくる生徒の割合が高くなることが判明しました。

選ばせる方法は、大成功だったのです。

出版社の編集者の中にも、心理学を学んだわけではないのでしょうが、このテクニックを使っている人がいます。

メールで、「内藤先生、今度社内会議があるのですけれども、健康系のテーマの本と、ビジネス系のテーマの本の、どちらを執筆してみたいですか？」と聞いてくるのです。

「う〜ん、どちらかというと健康系かなあ」と安易に答えてしまったために、結局はその依頼をお引き受けするハメになったということがあります。

お医者さんもこのテクニックを使うことがあります。

これも私自身が経験したことなのですが「弱いお薬と、やや強めのお薬があるのですが、どちらにします？」と聞かれたのです。ちなみにやや強めのお薬は、副作用として眠くなることもあるというお話でしたので、弱いお薬にしてもらいました。

どうして選択させるやり方がうまくいくのかというと、**相手の自主性を尊重していることが相手にも伝わるから**です。自分を大切にしてくれていることがわかるので、心理的な反発も感じませんし、素直にどちらかを選んでしまうのです。

選択させるというテクニックは、いくらでもバリエーションを考えられます。

子どもに野菜を食べさせたいのなら、「サラダで食べるのと、ジュースにして飲むのと、どちらがいい?」と聞いてみればいいのです。たいていの子どもは「どちらもイヤだよ」とは決して言いません。「ううーん、ジュース」などと必ずどちらかを選んでくれるはずです。

COLUMN

「やらざるを得ない状況」をつくってしまう

やる気や意欲などをムリに引き出そうとしなくとも、人を動かす方法があります。

それは**やらざるを得ない状況をつくり上げてしまう**こと。

そういう状況に追い込まれると、どんなにイヤでもやらざるを得ません。

フランスの小説家ビクトル・ユーゴーは、使用人に命じて、執筆が終わるまで自分の洋服をすべて隠してもらったことがあるそうです。

ユーゴーは、素っ裸。さすがに素っ裸で外に出るわけにはいきませんから、もう執筆をするしかありません。

同じようなエピソードは、ドストエフスキーにもあります。

もし締切りを守らなかったら、出版社は9年間、無償で出版していいという約束をしたのです。

ただ働きなど絶対にイヤですよね。

そういう状況にドストエフスキーは自分を追い込み、『賭博者』という小説を書き上げることに成功しました。


意志力の弱い人を動かすときには、この作戦を試してみるといいでしょう。

「もうやるしかない」という状況に置いてあげれば、どんなにやりたくなくとも、やらざるを得ません。 逃げ出すことが物理的に不可能にしてしまうのがコツです。


逆に、やってほしくない行動をやめさせるときにも、この方法は有効です。

サウスダコタ州立大学のクリスティン・ディーバーは、自分で自分の髪の毛を抜いてしまう「抜毛症」と呼ばれる病気の子どもを、このやり方で治療しています。

抜毛症の人は、自分でも無意識のうちに自分の指でくるくると髪の毛を丸めたり、触ったりして引き抜いてしまうのです。

ディーバーが抜毛症の子どもを調べたところ、この子どもは部屋にいるときの61・6％の時間、ずっと髪の毛を触っていました。そこでこの行動をやめさせるため、部屋にいるときには利き手にミトンをはめてもらうようにしたのです。

ミトンをはめていたら、当然ながら髪の毛を丸めたりすることはできません。そのうち抜毛症の子どもも髪を触らなくなり、ミトンを外してもらってから10か月経っても、この効果は維持されていたそうです。


人に行動してもらうコツは、物理的にやらざるを得ない状況に追い込んだり、逆に、やりたくともできない状況に追い込んだりすること。

もし部下や後輩が、スマホをいじってばかりなのであれば、勤務中にはロッカーにしまってもらうことにしましょう。どんなに確認したくともできないような状況をつくってしまうわけです。

おわりに

たいていの動物がそうなのですが、エサをとるときに動くことはあっても、それ以外のときには基本的に眠っているか、ダラダラ寝そべっているものです。人間もやはり動物の仲間なので、必要がなければ身体を動かすのも億劫に感じるものです。それが自然なのです。

というわけで、もし読者のみなさんが基本的に無気力で自堕落だったとしても、あまり気にすることはありません。人間とは、もともとそういう生きものなのです。

昔の人はとても働き者だったといいますが、それは働かなければ食べ物も手に入らず、生きていけなかったからです。「働かないと死ぬ」という意識が、強烈なモチベーションを生み出し、がむしゃらに働いたのです。

ところが現代の日本はどうでしょう。そんなにあくせくと働かなくとも、それなりに生きていけるような豊かな社会が実現しました。

こういう豊かな社会では、人間はどうしてもダラダラしてしまうものです。私が言いたいのは、つまり、「そういう社会なのだから、もし読者のみなさんが何事に対しても一生懸命に頑張ろうとしていなくとも、当たり前ですよ」ということです。

頑張る必要がなければ、頑張らないですまそうとするのが自然な反応です。別に、読者のみなさんが特別に無気力で、サボり癖のある人間なのではありません。豊かな社会では、だれでもそうなるのが当然なのです。

とはいうものの、やはりやる気を出して行動的になりたいと思う方もいるでしょう。

ですから、本書ではどうしてもやる気が出ないときに「こうすると動けるようになるよ」というアドバイスをしてきましたが、やらなくてもいいことは、やらずにすませてもよいのですよ、ということは最後にしっかりとお伝えしておきたいと思います。

やらなくていい仕事まで自分で抱え込み、寝食を忘れてがむしゃらに働き、それで身体を壊してしまっては元も子もありません。

やる気を出すのはけっこうですが、「これって、本当に自分がやらなくてはいけないことなのかな?」ということも自問自答しながら取り組みましょう。ひょっとしたら、やらなくても何も問題がない、ということがあるかもしれませんから。

最後に、読者のみなさまにお礼を申し上げます。

楽しい人生を歩む上で、本書がほんのわずかでもみなさまのお役に立てるのであれば、著者として望外の幸せです。

内藤誼人

Complementary and Alternative Medicine, 10, biomedcentral.com/1472-6882/10/23.

・Wang, X. T. & Dvorak, R. D. 2010 Sweet future: Fluctuating blood glucose levels affect future discounting. Psychological Science, 21, 183-188.

・White, R. E., Prager, E. O., Shaefer, C., Kross, E., Duckworth, A. L., & Carlson, S. M. 2017 The "Batman Effect": Improving perseverance in young children. Child Development, 88, 1563-1571.

・Wicker, B., Keysers, C., Plailly, J., Royet, J. P., Gallese, V., & Rizzolatti, G. 2003 Both of us disgusted in my insula: The common neural basis of seeing and feeling disgust. Neuron, 40, 655-664.

・Wiltermuth, S. S., & Gino, F. 2013 "I'll have one of each": How separating rewards into (meaningless) categories increases motivation. Journal of Personality and Social Psychology, 104, 1-13.

・Younger, J., Aron, A., Parke, S., Chatterjee, N., & Mackey, S. 2010 Viewing pictures of a romantic partner reduces experimental pain: Involvement of neural reward systems. PLOS ONE, 5, e13309.

・Zuroff, D. C., Koestner, R., Moskowitz, D. S., Mcbride, C., Marshall, M., & Bagby, R. M. 2007 Autonomous motivation for therapy: A new common factor in brief treatment for depression. Psychotherapy Research, 17, 137-147.

・Pomerantz, E. M., Qin, L., Wang, Q., & Chen, H. 2011 Changes in early adolescents' sense of responsibility to their parents in the United States and China: Implications for academic functioning. Child Development, 82, 1136-1151.

・Ronay, R., & von Hippel, W. 2010 The presence of an attractive woman elevates testosterone and physical risk taking in young men. Social Psychological and Personality Science, 1, 57-64.

・Ryan, R. M., Plant, R. W., & O'Malley, S. 1995 Initial motivations for alcohol treatment: Relations with patient characteristics, treatment involvement, and dropout. Addictive Behaviors, 20, 279-297.

・Scheibehenne, B., Greifeneder, R., & Todd, P. M. 2010 Can there ever be too many options? A meta-analytic review of choice overload. Journal of Consumer Research, 37, 409-425.

・Schmidt, R. E., Richter, M., Gendolla, G. H. E., & Van Der Linden, M. 2010 Young poor sleepers mobilize extra effort in an easy memory task: Evidence from cardiovascular measures. Journal of Sleep Research, 19, 487-495.

・Smeets, E., Neff, K., Alberts, H., & Peters, M. 2014 Meeting suffering with kindness: Effects of a brief self-compassion intervention for female college students. Journal of Clinical Psychology, 70, 794-807.

・Stephens, R. & Umland, C. 2011 Swearing as a response to pain. Effect of daily swearing frequency. Journal of Pain, 12, 1274-1281.

・Stone, M. R., Thomas, K., Wilkinson, M., Jones, A. M., Gibson, A. S. C., & Thompson, K. G. 2012 Effects of deception on exercise performance: Implications for determinants of fatigue in humans. Medicine and Science in Sports and Exercise, 44, 534-541.

・Ulrich, R. S. 1984 View through a window may influence recovery from surgery. Science, 224, 420-422.

・Valdez, P. 2019 Circadian rhythms in attention. Yale Journal of Biology and Medicine, 92, 81-92.

・Wang, C., Bannuru, R., Ramel, J., Kupelnick, B., Scott, T., & Schmid, C. H. 2010 Tai chi on psychological well-being: Systematic review and meta-analysis. BMC

Psychology Bulletin, 29, 1570-1584.

・Loy, L. S., Wieber, F., Gollwitzer, P. M., & Oettingen, G. 2016 Supporting sustainable food consumption: Mental contrasting with implementation intentions(MCII) aligns intentions and behavior. Frontiers in Psychology, 7, 607.

・Martela, F. & Ryan, R. M. 2016 The benefits of benevolence: Basic psychological needs, beneficence, and the enhancement of well-being. Journal of Personality, 84, 750-764.

・Martijn, C., Alberts, H. J. E. M., Merckelbach, H., Havermans, R., Huijts, A., & de Vries, N. 2007 Overcoming ego depletion: The influence of exemplar priming on self-control performance. European Journal of Social Psychology, 37, 231-238.

・McCracken, G. 1986 Culture and consumption: A theoretical account of the structure and movement of the cultural meaning of consumer goods. Journal of Consumer Research, 13, 71-84.

・Münster Halvari, A. E., Halvari, H., Bjørnebekk, G., & Deci, E. L. 2010 Motivation and anxiety for dental treatment: Testing a self-determination theory model of oral self-care behaviour and dental clinic attendance. Motivation and Emotion, 34, 15-33.

・Newman, M. C., & Willis, F. N. 1993 Bright cars and speeding tickets. Journal of Applied Social Psychology, 23, 79-83.

・Norton, M. I. & Gino, F. 2014 Rituals alleviate grieving for loved ones, lovers, and lotteries. Journal of Personality and Social Psychology, 143, 266-272.

・Nota, J. A. & Coles, M. E. 2015 Duration and timing of sleep are associated with repetitive negative thinking. Cognitive Therapy and Research, 39, 253-261.

・Oaten, M. & Cheng, K. 2007 Improvements in self-control from financial monitoring. Journal of Economic Psychology, 28, 487-501.

・Patall, E. A., Cooper, H., & Wynn, S. R. 2010 The effectiveness and relative importance of choice in the classroom. Journal of Educational Psychology, 102, 896-915.

・Patel, K. V., Guralnik, J. M., Dansie, E. J., & Turk, D. C. 2013 Prevalence and impact of pain among older adults in the United States: Findings from the 2011 national health and aging trends study. Pain, 154, 2649-2657.

・Halpern, J., Cohen, M., Kennedy, G., Reece, J., Cahan, K., & Baharav, A. 2014 Yoga for improving sleep quality and quality of life for older adults. Alternative Therapies in Health and Medicine, 20, 37-46.

・Helliwell, J. F., & Wang, S. 2014 Weekends and subjective well-being. Social Indicators Research, 116, 389-407.

・Hill, R. A., & Barton, R. A. 2005 Red enhances human performance in contests. Nature, 435, 293.

・Huffmeier, J., Krumm, S., Kanthak, J., & Hertel, G. 2012 "Don't let the group down": Facets of instrumentality moderate the motivating effects of groups in a field experiment. European Journal of Social Psychology, 42, 533-538.

・Kappes, A., Wendt, M., Reinelt, T., & Oettingen, G. 2013 Mental contrasting changes the meaning of reality. Journal of Experimental Social Psychology, 49, 797-810.

・Kivetz, R., Urminsky, O., & Zheng, Y. 2006 The goal-gradient hypothesis resurrected: Purchase acceleration, illusionary goal progress, and consumer retention. Journal of Marketing Research, 43, 39-58.

・Landau, M. J., Kay, A., & Whitson, J. A. 2015 Compensatory control and the appeal of a structured world. Psychological Bulletin, 141, 694-722.

・Lange, J. & Crusius, J. 2015 Dispositional envy revisited: Unraveling the motivational dynamics of benign and malicious envy. Personality and Social Psychology Bulletin, 41, 284-294.

・Lee, E. H., & Schnall, S. 2014 The influence of social power on weight perception. Journal of Experimental Psychology:General, 143, 1719-1725.

・Lee, K. E., Williams, K. J. H., Sargent, L. D., Williams, N. S. G., & Johnson, K. A. 2015 40-second green roof views sustain attention: The role of micro-breaks in attention restoration. Journal of Environmental Psychology, 42, 182-189.

・Lester, D., Iliceto, P., Pompili, M., & Girardi, P. 2011 Depression and suicidality in obese patients. Psychological Reports, 108, 367-368.

・Levesque, C. & Pelletier, L. G. 2003 On the investigation of primed and chronic autonomous and heteronomous motivational orientations. Personality and Social

ioral goals. A methodologically refined replication. Psychological Reports, 99, 963-970.

・Epton, T., Currie, S., & Armitage, C. J. 2017 Unique effects of setting goals on behavior change: Systematic review and meta-analysis. Journal of Consulting Clinical Psychology, 85, 1182-1198.

・Eubanks, L., Wright, R. A., & Williams, B. J. 2002 Reward influence on the heart: Cardiovascular response as a function of incentive value at five levels on task demand. Motivation and Emotion, 26, 139-152.

・Evans, P. & Bonneville-Roussy, A. 2016 Self-determined motivation for practice in university music students. Psychology of Music, 44, 1095-1110.

・Fishbach, A. & Choi, J. 2012 When thinking about goals undermines goal pursuit. Organizational Behavior and Human Decision Processes, 118, 99-107.

・Friedman, R., Deci, E. L., Elliot, A. J., Moller, A. C., & Aarts, H. 2010 Motivational synchronicity: Priming motivational orientations with observations of others' behaviors. Motivation and Emotion, 34, 34-38.

・Gagné, M., Ryan, R. M., & Bargmann, K. 2003 Autonomy support and need satisfaction in the motivation and well-being of gymnasts. Journal of Applied Sport Psychology, 15, 372-390.

・Geers, A., Rose, J. P., Fowler, S. L., Rasinski, H. M., Brown, J. A., & Heifer, S. G. 2013 Why does choice enhance treatment effectiveness? Using placebo treatments to demonstrate the role of personal control. Journal of Personality and Socical Psychology, 105, 549-566.

・Gollwitzer, P. M., Sheeran, P., Trötshel, R., & Webb, T. L. 2011 Self-regulation of priming effects on behavior. Psychological Science, 22, 901-907.

・Greenier, K. D., Devereaux, R. S., Hawkins, K. C., Hancock, S. D., & Johnston, M. D. 2001 Social facilitation: The quest for true mere presence. Journal of Social Behavior and Personality, 16, 19-34.

・Hallett, R., & Lamont, A. 2019 Evaluation of a motivational pre-exercise music intervention. Journal of Health Psychology, 24, 309-320.

study. Journal of Early Adolescence, 22, 384-406.

・Brownlow, S., & Reasinger, R. D. 2000 Putting off until tomorrow what is better done today: Academic procrastination as a function of motivation toward college work. Journal of Social Behavior and Personality, 15, 15-34.

・Bui, N. H. 2007 Effect of evaluation threat on procrastination behavior. Journal of Social Psychology, 147, 197-209.

・Carre, J. M., & Putnam, S. K. 2010 Watching a previous victory produces an increase in testosterone among elite hockey players. Psychoneuroendocrinology, 35,, 475-479.

・Critcher, C. R. & Ferguson, M. J. 2014 The cost of keeping it hidden: Decomposing concealment reveals what makes it depleting. Journal of Experimental Psychology:General, 143, 721-735.

・Croft, G. P., & Walker, A. E. 2001 Are the Monday Blues all in the mind? The role of expectancy in the subjective experience of mood. Journal of Applied Social Psychology, 31, 1133-1145.

・Davis, C. & Levitan, R. D. 2005 Seasonality and seasonal affective disorder(SAD): An evolutionary viewpoint tied to energy conservation and reproductive cycles. Journal of Affective Disorders, 87, 3-10.

・Dearing, E., McCartney, K., Weiss, H. B., Kreideer, H., & Simpkins, S. 2004 The promotive effects of family educational involvement for low-income children's literacy. Journal of School Psychology, 42, 445-460.

・Deaver, C. M., Miltenberger, R. G., & Stricker, J. M. 2001 Functional analysis and treatment of hair twirling in a young child. Journal of Applied Behavior Analysis, 34, 535-538.

・Dijksterhuis, A. & van Knippenberg, A. 2000 Behavioral indecision: Effects of self-focus on automatic behavior. Social Cognition, 18, 55-74.

・Dong, P., Huang, X(Irene)., & Zhong, C. B. 2015 Ray of hope: Hopelessness increases preferences for brighter lighting. Social Psychological and Personality Science, 6, 84-91.

・Engeser, S., Wendland, M., & Rheinberg, F. 2006 Nonconscious activation of behav-

参考文献

・Abuhamdeh, S. & Csizkszentmihalyi, M. 2012 The importance of challenge for the enjoyment of intrinsically motivated, goal-directed activities. Personality and Social Psychology Bulletin, 38, 317-330.

・Alberts, H. J. E. M., Martijn, C., Nievelstein, F., Jansen, A., & de Vries, N. K. 2008 Distracting the self: Shifting attention prevents ego depletion. Self and Identity, 7, 322-334.

・Allen, J. B. 2003 Social motivation in youth sport. Journal of Sport & Exercise Psychology, 25, 551-567.

・Assor, A., Kanat-Maymon, Y., Keren-Pariente, S., & Katz, I. 2017 You should know me better: Parents' temperament-insensitivity has negative motivational effects on Bedouin and Jewish adolescents. Journal of Personality, 88, 874-891.

・Baard, P. P., Deci, E. L., & Ryan, R. M. 2004 Intrinsic need satisfaction: A motivational basis of performance and well-being in two work settings. Journal of Applied Social Psychology, 34, 2045-2068.

・Bamberg, S. 2006 Is a residential relocation a good opportunity to change people's travel behavior? Results from a theory-driven intervention study. Environment and Behavior, 38, 820-840.

・Bargh, J. A., Chen, M., & Burrows, L. 1996 Automaticity of social behavior: Direct effects of trait construct and stereotype activation on action. Journal of Personality and Social Psychology, 71, 230-244.

・Barreto, P., Wong, J., Estes, K., & Wright, R. A. 2012 Gender determination of effort and associated cardiovascular responses: When men place greater value on available performance incentives. Psychophysiology, 49, 683-689.

・Bembenutty, H. 2009 Academic delay of gratification, self-efficacy, and time management among academically unprepared college students. Psychological Reports, 104, 613-623.

・Bois, J. E., Sarrazin, P. G., Brustad, R. J., Trouilloud, D. O., & Cury, F. 2002 Mothers' expectancies and young adolescents' perceived physical competence: A yearlong

著者
内藤誼人（ないとう・よしひと）
心理学者。立正大学客員教授。有限会社アンギルド代表。
慶應義塾大学社会学研究科博士課程修了。
社会心理学の知見をベースにした心理学の応用に力を注いでおり、とりわけ「自分の望む人生を手に入れる」ための実践的なアドバイスに定評がある。
『図解　身近にあふれる「心理学」が３時間でわかる本』『面倒くさがりの自分がおもしろいほどやる気になる本』『気にしない習慣 よけいな気疲れが消えていく 61 のヒント』（いずれも明日香出版社）など、著書多数。

考えすぎて動けない自分が、「すぐやる人」に変わる本
2024 年 9 月 18 日 初版発行

著者	内藤誼人
発行者	石野栄一
発行	明日香出版社
	〒 112-0005 東京都文京区水道 2-11-5
	電話 03-5395-7650
	https://www.asuka-g.co.jp
デザイン・装画	藤塚尚子（etokumi）
本文挿画・図版	神林美生
組版	株式会社RUHIA
校正	有限会社 共同制作社
印刷・製本	シナノ印刷株式会社

ISBN 978-4-7569-2349-3
落丁・乱丁本はお取り替えいたします。
内容に関するお問い合わせは弊社ホームページ（QR コード）からお願いいたします。